윤치호 선배를 기리며

이 책을 사랑하는 아내, 김(정)경숙과
하늘에 계신 부모님께 드립니다.

Emory 대학교 총장 부부와 한인 모임

2016년 8월 김대중 대통령 서거 7주년 기념미사 때 찍은 사진. 정 중앙에 Laney 총장 부부가 서 계시고 그 뒤의 젊은이 둘이 Emory 대학 출신인 김대중 대통령 손자들. 사진의 다른 사람들은 Laney 총장이 자주 만나던 Atlanta의 한인들. 북한 전문가 (죠지아 대학) 박한식 교수 부부, 전 Washington 인권문제연구소 소장 민수종씨 부부 그리고 Atlanta 노인회 회장 나상호, 노인회 이사 이봉조 씨 부부와 우리 부부.

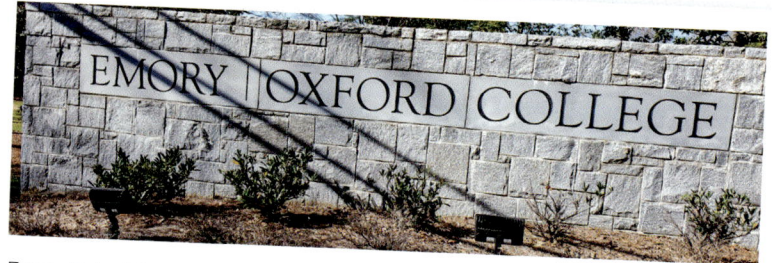

Emory Oxford College 입구의 Sign

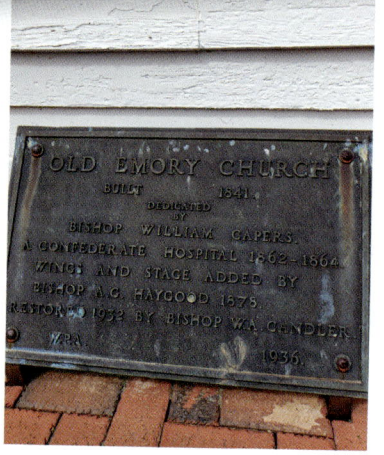

Old Emory Church. Warren Candler 총장이 1932년에 보수한 교회.
윤치호 학생시절엔 입학식, 졸업식이 거행되던 목조건물로 지금은 텅 비어 있음

윤치호의 Oxford College 졸업사진
(1893 Class Picture) Oxford College
Special Collection Section에서
금년 2022년에 찾은 것임

교정 정문

윤치호가 공부하던 곳 – 외부

Warren Candler 총장 관사 터. 윤치호가 Emory에 도착해 머물고 또 방학 중에도 거처하던 곳

Emory Rose Library 정문
윤치호 일기가 저장되어 있는 곳

윤치호의 은사인 Young Allen의 이름을 딴 Young Allen Church. 현재 학생들이 예배보는 교정 한복판에 있는 석조 교회로 1910년에 건축 됐음

Oxford College Library
(윤치호가 공부하던 곳)

윤치호가 공부하던 Remodeling된
Oxford College Library의 내부

Emory 대학교의 Rose Library와 소장품들

도서관서가에 진열되어 있는 윤치호 사진

윤치호가 공부하던 Oxford Library의 외부

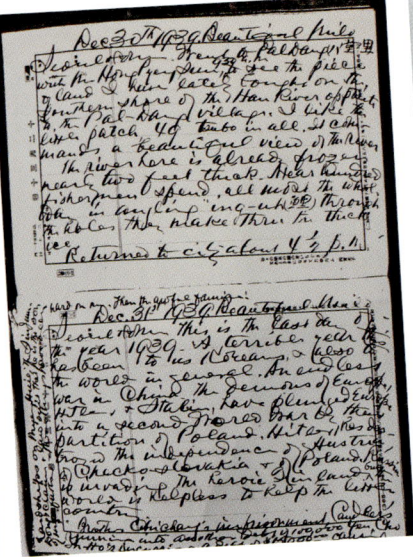

1939년 12월 30일과 12월 31일의 일기

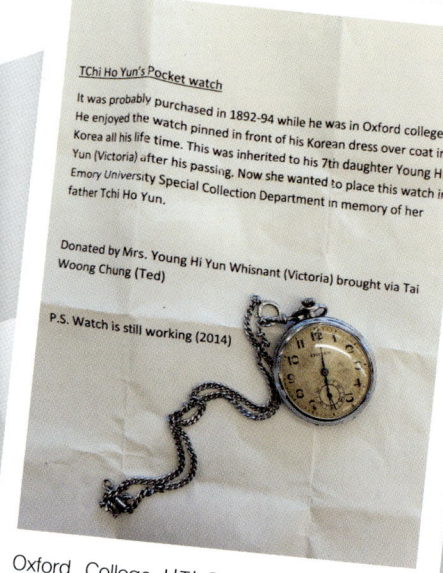

Oxford College 시절 윤치호가 차고 다니던 시계. 시계는 2014년까지 잘 맞았다고 함

Emory Rose Library에는 윤치호 Box가 모두 21개가 있는데, Box 9부터 16까지는 윤치호 일기(1883–1943년)가 들어있고, Box17엔 Chicago Auditorium Speech(1910년)와 Writing in Response to Japanese Forces in Korea(1904년)가 들어있음. Box18에는 윤치호의 친필 애국가가 들어있는데 촬영은 금지되어 있음. Box19에 딸 文姬씨의 Scrapbooks가 있고 Box 21에는 윤치호의 시계가 들어있음.

윤치호 선집 6호 증보판

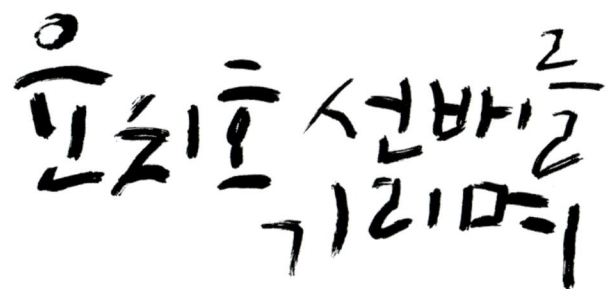
윤치호 선배를 기리며

만약 네가 모루라면 참아라.
하지만 만약 네가 망치라면 힘껏 두드려라!
(1919. 9. 18 일기)

아해 **김태형**

도서출판
책나라

[증보판 서문]

　2022년 9월 9일 『윤치호 선배를 기리며』를 발간하고 만 1년이 지나고 있다. 그동안 많은 일이 있었다. 우선 예상했던 대로 윤치호에 대한 친일파의 낙인은 너무나 뿌리 깊었다. 동년배 친구, 동창들은 나의 윤치호 책 출판을 반겼고 또 일부는 용기 있는 일이라며 찬사를 보내왔다. 반면에 50-60대 이하의 후배 몇은 나를 아예 친일파로 간주하며 무시하기도 했다. 그런 때면 신복룡 교수의 "지금의 친일 논쟁은 먼저 태어난 자의 슬픔과 늦게 태어난 자의 행운이 빚은 갈등이다."라는 말이 떠올라 씁쓸했다. 그리고 국내 주요 일간신문의 한 베테랑 기자는 『윤치호 선배를 기리며』를 읽고 큰 감명을 받았다고 했지만 신문에는 한 줄의 평도 쓰지 않았다. 그러고 보면 주간지 몇을 제외하곤 국내 어느 일간지에도 『윤치호 선배를 기리며』의 서평은 없었다. 반면 이곳 Atlanta 의 신문 매체들은 여러 곳에서 서평을 해주며 나를 반겼다.

　김구 선생이 "일제시대에 국내에 남아 있던 사람은 모두 친일파였고, 따라서 그들은 감옥에 가야 한다"라는 주장까지 했다 하니 할 말을 잃는다. 김구를 숭상하는 이들과 일제시대의 상황을 체험해 보지 못한 사람들과 맞장뜰 생각은 없다. 누가 뭐라 해도 역사의 진실만 확실히 하면 된다는 나의 소신에는 변함이 없다. 어려운 환경에서 국내에 남아 각 분야에서 크건 작건 조국과 민족을 위해 희생해온 분들이 설마 좌옹 뿐이었겠나? 이들 많은 무명의 애국자들께 경의를 표하며 이제는 각자의 이념이나 입맛에 따라 역사를 해석하는 일은 없어져야 한다고 생각한다. 특히 만인이 애창해온 애국가 가사를 직접 짓고 또 105인 사건으로 감옥까지 갔다 온 분을 간단히 친일로 매도하지 않았으면 한다. 좌옹이 출옥한 1915년 이후의 행적이 눈에 거슬리는 게 있긴 하지만 이것으로 친일의 프레임을 씌우는 것에는 찬성하지 않는다. 『윤치호 선배를 기리며』의 초판에서도 언급했듯이 좌옹의 친일 행적은 한 번도 좌옹 자신이나 좌옹 가족을 위한 것은 아니었다. 언제나 나라와 학교, 교회 그리고 겨레를 위해 갖고 있는 다른 큰 안목의 결과였다.

그럼에도 『윤치호 선배를 기리며』를 찾는 독자들은 끊이지 않아 지난달에는 절판에 이르렀다. 그리고 청하기도 전에 서평을 직접 보내온 고마운 분들도 있었다. 그중 일부를 독후감 난에 싣는다.

나는 작년 책 출판 직후 종교교회를 찾았다. 한때 좌옹이 예배를 드렸던 광화문에 위치한 역사 깊은 교회로 교회 내에 있는 윤치호 기념관을 둘러보고 그의 체취를 직접 느껴보고 싶어서다.

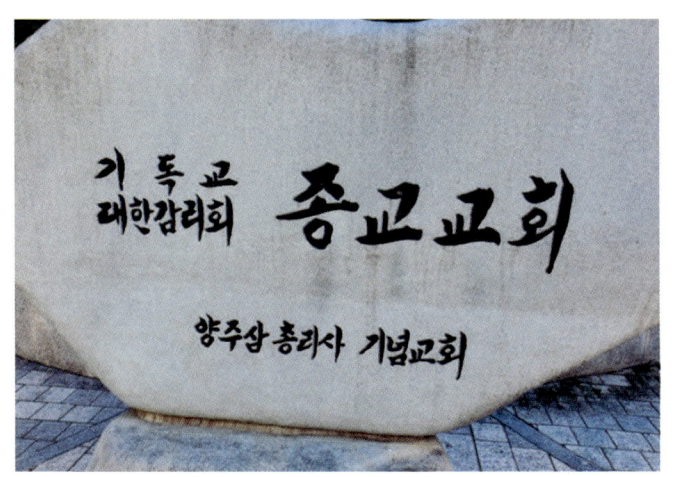

광화문에 위치한 종교교회(宗橋敎會): 1900년 4월 15일 미국 남 감리회 선교사 하디와 캠벨 부인에 의해 설립된 120년 넘은 교회

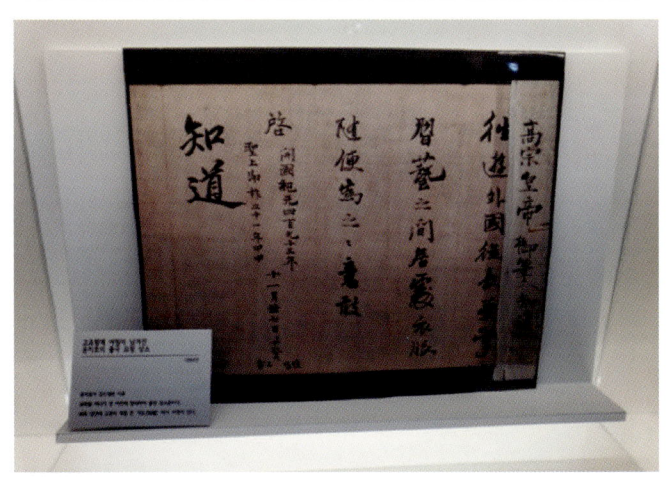

종교교회 내 좌옹 기념관에 비치되어 있는 知道(지도): 1885년 1월 12일 발행된 고종황제 御筆의 외국 여행 허가서(오늘날의 여권)

좌옹의 직계 손 윤두영 선생과 윤응구박사(윤치호의 동생 윤치소의 손자, 나의 고등학교 동기)의 안내로 좌옹의 고향 충청도 아산 일대를 둘러 보기도 했다. 좌옹과 또 좌옹 일기에서만 만났던 분들의 묘역을 참배하고, 해평 윤씨 가문의 여러분도 만나 역사에 기록되지 않은 비밀스런 이야기도 담아왔다. 이 자리를 빌어 도움을 주신 모든 분들께 감사를 전한다.

나란히 모셔진 부친 윤웅렬의 묘(좌)와 좌옹 윤치호의 묘(우). 앞쪽에 1907년 작 윤치호의 애국가 가사(1절부터 4절까지)가 새겨져 있다.

윤치호의 묘비. 결혼을 세 번 했지만 첫 번째 부인 강씨는 호적에서 삭제되어 부인 마씨와 백씨의 이름만 보인다.

사실 나의 급선무는 1978년 내가 Emory 대학에 처음 왔을 때 윤치호 일기를 직접 열람해 보라고 권해 주신 레이니 총장님을 다시 만나보는 것이었다. 원체 고령이시고 코로나 팬데믹 이라 쉽지는 않았다. 특히 Mrs. Laney 의 치매 증상이 심해져 아예 요양원에서 생활하고 계시니 요양원 출입은 입주자나 방문자 모두에게 부담이 되었다. 그러던 중 책 출판 2개월 후인 작년 11월에 총장님과 늘 가족처럼 지내는 벗 Lucio Minn 전 워싱턴 인권문제 소장이 도움을 주었다. 총장님이 좋아하는 한국 배 한 상자를 사 들고 요양원에 계신 레이니 총장 내외분을 찾아 뵈었다. 요양원 좁은 공간에서 생활하시는 총장님과 사모님의 연로한 모습에서 세월의 무상함을 새삼 느꼈다. 특히 레드포드 제독의 따님이자 총장님의 사모님이신 Berta 여사는 오랜 지병으로 더욱 수척해 보였다. 몇 년 전 들은 애기지만 Berta여사가 수집한 한국 골동품들은 대부분 Radford 제독이 물려준 것이었다.

Radford 제독과 맥아더 장군. 아래의 사진은 승마하는 Berta Radford(Radford 제독의 따님인 Mrs. James Laney).

나의 책도 소개하며 좌옹에 대한 이야기를 나누는 동안 총장님의 애틋한 한국사랑의 정이 나에게 전해졌다. 좁은 방 한 구석에 쌓여있는 책들 앞쪽에 보이는 성조기와 태극기, 또 한 쪽 벽에 걸려 있는 이승만 대통령의 일필휘지(이순신 장군의 시)를 보며 두 분의 한국 사랑을 가늠할 수 있었다.

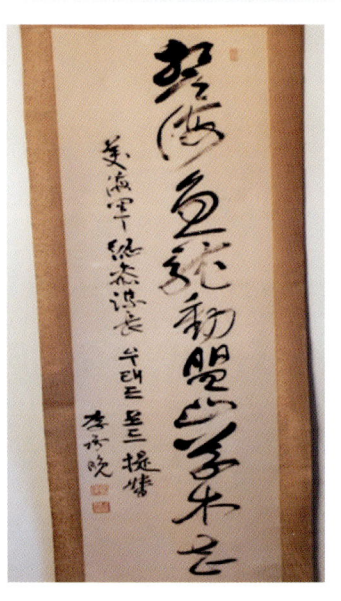

미해군 총 참모장 윌리엄 레드포드 제독에게 써준 이승만 대통령의 일필휘지: '서해어룡동 맹산초목지'('바다에 맹세하니 물고기와 용이 놀라고, 산을 두고 맹세하니 초목이 내 뜻을 아는구나.' 신복룡 교수님의 해설)

레이니 총장님의 책장: 중앙에 성조기와 태극기가 나란히 보인다(요양원 거실).

작별하기 전 총장님은 나에게 다가와 우리 모두의 소망대로 윤치호 일기가 세계 UNESCO 기록물에 등재되는데 적극적인 도움을 주겠다고 약속도 주셨다.

1978년 필자가 총장님을 예방했던 Emory 대학교 총장 관사(수채화). 요양원 거실 벽에 걸려있다.

2022년 11월 15일 총장님과 필자(요양원에서)

    2022년 11월에는 『우순소리』(윤치호 원저, 윤경남·민석홍 엮음)와 함께 나의 『윤치호 선배를 기리며』를 Emory 도서관에 정식으로 기증 했다. 내 책이 '윤치호 일기' 원본이 있는 Rose Library에 나란히 보관 되니 윤치호 선배님께 작은 의무 한 부분을 마친 느낌이었다. 여분의 책 몇 권은 좌옹이 공부하던 Oxford 대학 도서관과 Emory Candler Divinity School(신학대학) 도서관에 보냈다.

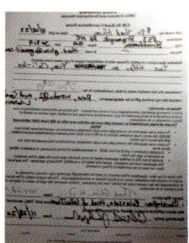

Emory 대학교의 Christopher Palazzo 정치학과 조교수. 직함은 Head of collector. Emory 대학교 전체 도서관의 책 수집 담당자이다. 이날 나의 『윤치호 선배를 기리며』와 윤치호 원작 『우순소리』(윤경남/민석홍 엮음)를 기증했다.

책 기증서.
Emory Rose library
2022년 11월 28일.

특히 이번 증보판에는 김옥균에 대한 이야기를 추가했다. 구한말 서재필, 윤치호 등 조국의 개화를 꿈꿨던 젊은 이들의 선봉 대장 역을 맡았던 김옥균을 빼놓고 지나가니 마음이 개운하지 않았었다. 윤치호 일기에 담긴 김옥균의 모습은 어떠했을까, 또 그들의 관계는 세월 따라 어떻게 변해갔을까. 윤치호 일기에 그 답이 있는지 찾아보고 싶었다.

2023년 7월 Atlanta에서

저자 김태형

서문

과거와 현재를 통섭하는
예사롭지 않은 글

지은경

시인·문학평론가
문학박사

    아해 김태형 시인은 서울대학교 의과대학을 졸업하고 군 복무 후 미국에 건너가 에모리대학교의 종신교수가 되었다. 귀국하여 서울아산병원과 국립암센터에서 11년간 근무하였으며 현재 에모리대학교 의과대학의 명예교수이다.

    저자는 미국에서 많은 시간을 머물면서 조국에 대한 애틋한 마음과 모국어에 대한 사랑을 잃지 않고 있음을 그의 호에서 엿 볼 수 있다. 그는 한국의 아산병원과 국립암센터에서 근무할 때 일요

일마다 운악산을 오르며 수평선 너머 떠오르는 '아침 해'를 바라보면서 명상에 젖곤 했다. 그 아름다운 풍경을 순우리말인 '아해'를 떠올리며 이를 자신의 호로 정했다고 한다.

아해 선생은 2019년 《월간신문예》에 시로 데뷔하여 문학 활동을 하던 중 한 세기 전에 존재했던 한국의 윤치호 영문일기가 유네스코 기록유산 등재를 위해 미국이 준비한다는 소식을 듣게 된다. 저자는 에모리대학교 출신인 윤치호의 치적을 검토하던 중 〈애국가 작사자〉가 윤치호라는 것을 확인하게 되면서 이를 증명하기 위한 평론을 쓰게 된다.

조선 말기에 살았던 윤치호는 1891년 에모리대학교 한국 최초의 유학생이며 졸업생이다. 저자가 윤치호에 관한 이야기를 처음 들은 것은 에모리대학교에 교수로 부임하여 레이니 총장을 만나면서부터이다. 레이니(James T. Laney) 총장으로부터 저자는 "윤치호는 위대한 한국국민이며 미국의 친구이고 총명한 미국의 학생이었다"는 말을 듣게 된다. 에모리대학교 도서관에는 윤치호의 일기 외에도 많은 자료가 풍부하게 보관돼 있다.

저자는 윤치호의 영문일기를 시간이 날 때마다 읽으며 그가 한국 근현대사의 개혁적인 사고를 지닌 지식인이며 시대의 선각자임을 알게 된다. 그러나 식민지 시대에 윤치호가 국내에 남아 있었다는 것은 친일로 보일 수밖에 없다. 윤치호는 조국을 떠나지 않고 국내에서 선교, 교육, 외교, 사회사업, 독립신문 발행 등을 통해 대중계몽에 적극 참여하였다. 월남 이상재 등 감옥에 있는 독립투사들을 위해 보석금을 내어주었고 구자옥, 최현배 등의 석방을 도왔다. 저자는 이 부분에서 그를 친일로만 볼 수 없는 여러 가지 정황 등을 포착하게 된다. 윤치호의 일기는 지금은 복사본으로 10년 치씩 묶음으로 보관하고 있다. 서간, 각종 사진, 신문기사, 식사 메뉴판, 연회 식순, 장례 절차, 찬미가, 애국가 가사 친필 원본 등은 따로 박스에 담겨 있다. 저자는 이들을 틈틈이 섭렵하였다.

《월간 신문예 VOL. 111호》에 김태형 시인의 평문(評文) 「윤치호, 역사적 사실과 진실 해석 – 애국가 작사자 진실 찾기」가 실려 있다. 이 평문에서 저자는 "우리나라는 친일이란 말만 꺼내면 정치판과 사회 전반적인 분위기가 무조건 일제 만행과 결탁해 매국노라며 친일파로 매도하는 풍토"를 문제 삼고 있다. 저자는 "윤치호는 합리주의자요, 현실주의자이며, 실용주의자"라고 판단한다. 분명 "윤치호의 공(功)과 과(過)가 있음에도 철저히 부정적인 평가를 받고 있음"을 비판하며 "도산 선생이 국민의 지지를 받는다고 해서 애국가 작사자의 진실이 묻혀서는 안 된다"며 국익과 관련하여 세계화를 위해 열린 사고 갖기를 강변 한다.

문학평론가 엄창섭 관동대학교 명예교수는 "김태형 님의 비평문은 선입견에 가려진 왜곡된 '애국가 작사가'에 대한 진실을 밝히는 새로운 도전으로 철저한 실증주의와 일관성을 지켜낸 집념으로 한국 평단에 새로운 활력을 줄 비평 정신"이라고 호평하고 있다. 필자 역시 저자가 실증적이고 현상학적 진실 접근법을 시도한 것으로 보고 있으며, 일제강점기라는 특수한 상황에서 윤치호의 행위는 겉으로 드러난 사실만 갖고 친일이라 말할 수 없다는 것에 동의한다.

저자는 이 책의 본문과 사진은 에모리대학교 도서관에 소장되어 있는 윤치호의 일기를 근거로 철저히 실증적인 자료를 번역하고 있음을 밝히고 있으며 개인적인 느낌과 비평도 함께 싣고 있다. 근대조선 지식인의 한 사람이었던 윤치호는 일찍이 명석하여 일어 중국어 영어 프랑스어 등 외국어에 능통해 외교에 몸담았다. 세계를 내 집 드나들 듯하며 서양문물을 일찍 받아들여 개방적이고 합리적이며 이성적인 사고를 지니게 되었다. 자연히 중화사상에 젖은 대신들과는 맞지 않았을 것이다. 윤치호의 일기속에는 이승만, 이상재, 안창호, 서재필, 박영효, 유길준, 이완용, 김옥균, 신채호, 이광수, 최남선, 윤극영, 홍난파 등 조선 말기의 중요 지식인들에 관한 이야기들이 적혀 있다. 조선 말기 한국사의 중요한 자료임이 분명하다.

지금 대한민국은 정치 경제 사회 문화 등 다방면으로 한 세기 전과는 비교할 수 없을 만큼 많은 변화와 발전을 하였다. 저자는 최근에 레닌의 하사금을 받은 홍범도 장군이 국립현충원에 모셔지는 상상도 할 수 없었던 현실을 목도하면서, 식민지 시대에 국내에 남아 나라를 지킨 애국지사의 생애도 시대에 맞게 조명되길 바란다. 한 세기 전 변화의 부침 속에서 운 좋게 피해 간 사람들도 있다. 당시 국외로 나가면 독립운동가로 인식되던 사회적 분위기가 우리의 판단을 흐리게 하며 편향된 생각을 갖게 하며 바른 사고를 방해할 수 있다. 21세기에는 눈 감고 귀 닫은 세상이 되어선 안 될 것이다. 한 세기가 지나도록 애국가 작사가가 미상으로 처리되는 것은 정치적 커뮤니케이션이 막혀있거나 무관심으로밖에 볼 수 없다.

저자는 애국가 작사가가 윤치호임을 증명하는 몇 가지 사실을 열거한다. 1904년 고종 황제의 특명으로 윤치호는 '애국가 작사'를 지시받게 된다. Auld Lang Syne 곡에 붙여 애국가 4절을 지은 것이 오늘의 애국가 원형임을 윤치호의 일기에서 발견하게 된다. 1910년 9월 21일 자 신민일보에는 애국인 국민가를 '윤티호' 작(作)이라고 밝히고 있다. 현)연세대학교 명예교수 김동길 박사는 김활란이 윤치호를 찾아갔을 때 "애국가를 내가 지었다고 말하지 말아요. 나를 친일파로 모는 사람들이 애국가를 부르지 않겠다고 할지 모른다"고 말했다고 전하고 있다.

1955년 국사편찬위원회 주최로 '애국가 작사자 규명위원회'가 열렸다. 흥사단 핵심 인물인 주요한은 안창호가 작사자라고 주장했다. 서북파(평안도)와 기호파(경기도) 편 가르기 싸움이 시작된 것이다. 당시 위원장인 최남선은 고심 끝에 윤치호를 표결에 부친 결과 찬성 11표, 반대와 기권 2표임에도 불구하고 만장일치가 아니라며 작자 미상으로 남겨 놓았다. 또 하나 결정적인 증거는 에모리대학교 도서관에 소장된 윤치호 친필의 '애국가 가사'이다. 이는 1945년에 딸 文姬에게 직접 써준 것이다. 저자 아해 선생은 위의 여러 가지 증거들을 제시하며 '애국가 작사자'는 윤치호임을 확신하게 된다. 애국가 작사가가 누구냐에 일반인은 큰 관심이 없다. 그러나 역사뿐 아니라 학술과 모든 면에서 잘못된 것은 고쳐져야 함에도 침묵하는 사회가 안타깝다. 편차를 살펴주고 풀어줄 전문가가 없는 현실과, 진실을 보고자 하는 사회적 각성 또한 없음이 답답하기만 하다.

　100년 전 혼돈의 일제강점기 시간대는 지나갔다. 저자는 "사회적 감성도 변했으므로 한 세기 전의 잣대로 보는 것은 모순"이라며 미국의 정치가·역사학자인 Howard Zinn(1922-2010)의 "어떤 가치나 목적에 강한 믿음을 갖고 있으면 역사를 부정직하게 서술하거나 왜곡시킬 수 있다"고 한 말을 전하며 우리나라도 선진국답게 진영논리에서 벗어나길 바란다.

오늘날의 역사가는 팩트를 기록하는 것뿐만 아니라, 숨은 진실까지 밝혀주어야 한다. 역사는 사실을 기록하는 것임에도 불구하고 누가 어떻게 해석하느냐에 따라 왜곡될 수도 있기 때문이다. 윤치호는 자신의 일기에 기록하기를 "조선 말기에 패거리 정치와 부패로 일본에 나라를 빼앗기는 불행을 자초하게 된 것이며 문관 우월주의와 무관 천시, 편 가르기, 거짓말이 망국의 원인"이라며 개탄스러운 소회를 적고 있는데 오늘의 사회상과 크게 다르지 않음을 볼 수 있다.

우리는 기나긴 역사적 사건들을 확인하고 평가하는 과정에서 팩트가 진실에서 빗겨서 있는 경우를 종종 보게 된다. 역사의 오류라고 보기보다는 시대적 관점에 따라 역사적 평가와 해석을 달리하기 때문일 것이다. 이는 역사적 사실이 변한 것이 아니라 시대가 변화함으로 해석도 달라져 재평가가 필요한 부분이다. 역사가 사실 기록이라고 해서 모두 진실이라고 말할 수는 없다. 사실 이면에 드러나지 않은 부분, 겉으로 드러난 이면에 숨어있는 진실을 밝혀야 하는 것이다. 역사가들이 새로운 시각에서 역사를 재조명하고 해석해야 함에도 침묵하는 것은 방관적이다.

사실 이면의 진실 찾기에 현상학을 대입해 볼 수 있다. 현상학은 어떤 현상에 대한 새로운 접근법으로 행위에 대한 직관을 통해 가려진 진실을 밝히는 학문이다. 사람의 생각과 행동이 어떤 의미를 갖는지 사실 행위에서 본질을 포착 파악하여 사실 이면에 숨은 진실을 찾는 것이다. 본질을 파악하는 방법을 본질직관이라고 한다. 본질직관은 심리학에서 의식 현상의 본질에서 진실을 찾는 것을 말한다. 행위는 곧 마음에서 나온 것이므로 행동을 잘 관찰하면 참의 실체를 보게 된다는 이론이다.

윤치호의 영문일기는 우리의 중요한 문화적 유산이다. 3.1운동 전후, 일제강점기의 역사적 자료들은 일본의 기록일 뿐 우리의 것은 전무한 현실이다. 일제에 의해 훼손되거나 철저하게 증거 인멸되었기 때문이다. 레이니 총장이 아해 선생께 윤치호의 일기를 꼭 보라고 종용한 것은 윤치호의 인물 됨됨이와 자료의 중요성을 알고 말한 것으로 보인다. 윤치호의 가족관계 인간관계를 보면 그는 휴머니스트이다. 휴머니스트는 친일파가 될 수 없다고 생각한다. 어머니의 회갑 잔치에 색동저고리를 입은 순수한 모습, 아내에 대한 편지, 안창호의 죽음에 눈물 떨구는 모습, 사회봉사 정신에서 진한 휴머니즘을 발견하게 된다. 인간적인 따뜻한 심성을 지닌 사람은 결코 친일파가 될 수 없다고 생각한다.

근대 조선의 선각자이며 선구자였던 윤치호라는 한 인물에 대한 평가가 실증적인 자료와 진실을 전제로 이번 기회에 재조명되기를 바라며 애국가 작사가에 대한 진실이 규명되기 바란다.

『좌옹 윤치호 선배를 기리며』 출간을 위해 직접 영문번역을 하며 많은 시간 수고하신 아해 김태형 교수님의 노고에 진심으로 치하 드리며 꼭 빛 보시기를 기원한다.

2022년 5월 대한민국 서울 북한산 자락에서

문학박사 지은경 씀

추천사

윤치호의 일기는
한국 근대사의 연구 자료

최이우

종교교회 담임목사
좌옹 윤치호문화사업회 회장

윤치호선집 6호 『좌옹 윤치호 선배를 기리며』 김태형의 출간을 축하드립니다.

윤치호는 종교 및 사회 운동, 사회사상 등 여러 방면에서 선구적인 자취를 남긴 근대 초기의 대표적 인물입니다. 그가 10대 말부터 거의 평생에 걸쳐 지속적으로 쓴 그의 일기는 한문(1883.1.1~1887.11.24)으로 시작되어 한동안 한글(1887.11.25

~1889.12.7)로도 쓰였다가, 그 이후 오랜 기간 동안 영어(1889.12.7~1943.10.7)로 기록되었다는 점에서도 특별합니다. 그리고 극히 일부가 그의 생전에 공개적으로 발표되기도 했으나, 거의 전부가 사적인 차원에 한정되어 이루어졌다는 점 또한 그의 '일기'의 특징이라 할 수 있을 것입니다.

윤치호의 '일기'는 한국 근대사를 연구하는 학인(學人)들이 '친일파'의 일기로 간단히 취급하며 무시할 수 있는 자료가 아닙니다. 그가 일기를 썼던 시기는 전근대적인 조선사회의 붕괴와 서구제국주의의 침입, 그리고 일제의 식민지 전시기를 관통하고 있으며, 이 과정에서 한국인들은 자주적 독립에 대한 열망과 이를 위한 끊임없는 투쟁을 전개했습니다. 우리 역사에서 그 어떤 시대보다도 역사의 부침이 심했던 시기에 윤치호는 어떤 때는 관찰자 입장에서, 혹은 참여자 입장에서 이러한 저간의 사정을 담담하게, 신중하게, 그리고 심층적으로 자세하게 기록합니다. 가장 암울하고, 치열했던 한국 근대역사의 곳곳을 숨김없이 그대로 보여주고 있는 것이 바로 '윤치호 일기'입니다.

인간적으로 윤치호는 탁월한 지성과 세련된 감성을 겸비한 지식인이었습니다. 시절을 잘못 만난 죄밖에 없다고 변명할지 모르지만 당대에 그의 영향력이 컸던 만큼 후세의 '가혹한' 평가를 감수해야 할 것입니다.

윤치호가 현실에서 생존의 방편으로 일본의 왜곡된 근대 개념을 수용하였는지 아니면 진심으로 이런 근대 의미를 진정한 현실적 대안으로 간주하여 보다 적극적으로 친일적 행동을 하였는지를 명확하게 알기 어렵습니다.

윤치호 '일기'는 윤치호 개인사와 관련된 내용뿐 아니라 한국근대사와 관련되어 다양하고도 풍부한 이면사들의 내용들이 담겨 있음에도 불구하고 그동안 여러 가지 이유로 인해 외면당해 왔습니다.

누구에게나 공과는 있습니다. 앞으로 식민지 시대에 나라 밖에서 독립운동을 펼쳤던 이승만, 안창호 등과 나란히, 애국가를 작사한 좌옹의 「윤치호 일기」도 새롭게 조명되기를 바랍니다.

이러한 일련의 작업은 우리 근대사 연구의 지평을 넓히는데 일조할 것입니다. 무엇보다 윤치호의 '하나님 사랑, 나라 사랑'에 대한 연구가 더욱 활발히 이루어지기를 소망합니다.

이 일들을 위해 애써 주신 에모리대학교 의과대학 명예교수인 김태형 박사님께 깊은 감사를 드립니다.

저자의 말

파란만장했던 근대 조선의 풍경들

　이 수상집은 1883년부터 1943년까지 60여 년간 써 내려간 좌옹 윤치호의 일기를 섭렵한 나의 독후감입니다.

　좌옹의 일기 속에서 파란만장했던 근대 조선의 풍경을 좌옹과 함께 하나하나 체험해 볼 수 있기를 바랍니다. 아울러 책 후반에 부록으로 수록된 좌옹의 철학적이며 가슴을 적시는 詩語 같은 명구들 속에서 기독교에 귀의해 문명화된 조국을 꿈꿨던 한 양식인의 고뇌와 직접 애국가를 작사하며 애국애족으로 일관했던 그의 생애를 음미할 수 있기를 소망합니다.

2022년 6월 5일 오후
김 태 형

차 례

증보판 서문   11
서문   19
추천사   28
저자의 말   31

시작하는 말   37
미국 유학생 1호(?)   42
중화사상 그리고 고종   44
슈테판 츠바이크(Stefan Zweig)   53
좌옹이 존경한 사람   62
거짓말 습성   64
김옥균   66
서재필   78

어학의 천재들	82
편 가르기	87
민둥산. 꽃. 나무	93
물지 못하겠거든 짖지도 마라	96
호전성	98
현실주의자	102
3.1 운동	106
가정사	109

차 례

애국가 작사	111
유머	117
독서, 출판	120
의료	137
체육	140
가족	145
종교	153
1939년	156

요약	161
맺음말	177
후기	186
독후감	189
참고문헌	191
윤치호 연보	192
윤치호 명구들	196

시작하는 말
(문제의 발단, 사건의 계기)

━━━━━◆━━━━━

    1978년 여름, 나는 Boston과 New York에서 수련의 과정을 마치고 Emory 의과대학교 소아청소년과에 일터를 잡았다. 미국 동남부의 낯선 곳에 와서 온종일 환자를 보살피고 학생들 강의로 몸과 마음이 지쳐있었다. 근무한 지 일주일쯤 지나 대학교 총장실에서 전화가 왔다. 나는 잔뜩 긴장했다. Emory 대학교 총장이 새로 부임한 말단 조교에게 전화를 걸어오다니, 내게 뭐 잘못된 게 있나? 한창 의아해하고 있는데 총장 비서의 상냥한 음성이 들려온다. 오는 토요일 닥터 김 부부를 Laney 총장님이 저녁 식사에 초대하셨다면서 총장님 관저의 주소와 위치를 알려준다.

애틀랜타 특유의 무더운 여름 날씨였다. 나와 아내는 정장하고 그의 관저로 차를 몰았다. 열려있는 정문을 통과하니 잘 정돈된 길을 따라 왼쪽엔 호수가 보이고 오른편엔 숲이 우거져 아름답다. 저만치 관사의 계단 앞에 나와 계신 총장님이 보인다. 한국에서 배운 인사로 "How do you do, Sir?" 할까 생각하는데 갑자기 총장께서 먼저 손을 내밀며 "닥터 김 참으로 반갑습니다"라고 유창한 우리말로 인사를 건네 오시는 게 아닌가? Mrs. Laney가 안내하는 거실에 들어서니 한국의 족자 자개장 조선 시대의 인형 등 한국서 온 골동품이 잘 진열돼 있었다.

저녁 식사를 나누면서 Laney 총장은 90여 년 전 우리 Emory 대학교에서 수학한 윤치호를 아느냐고 물으신다. 내가 알고 있던 것은 윤보선 대통령과 윤치영 내무 장관이 그와 친척이라는 것 정도였다. 잘 모른다고 하니 "윤치호는 우리 대학에서 아주 유명한 학생이었고 그의 일기가 우리 대학에 보존되어 있으니 시간 나는 대로 꼭 열람해 보라" 하고는 윤치호가 수학하던 당시의 총장인 Candler 박사와의 일화를 소개해 주신다. Candler 총장이 "우리 Emory 대학교는 남부의 Harvard 대학"이라고 자랑하셨는데 윤치호 학생은 "제 생각으론 아직 아닌데요"라고 당돌하게 대꾸를 했단다. 나중에 그의 일기를 읽어보니(1891.11.27) Candler 박사는 Emory 대학교의 학부 수준이 Cambridge나 Harvard에 못지않다고 자랑을 한 것이었다. 좌옹과 Candler 박사와의 인연은 좌옹이 귀국한 후에도 오래도록 계속된다. 훗날 좌옹이 송도의 한영서원을 세울 때 Candler 박사가 보내온 편지가 있다(1906.11.26). 하나님의 일을 하는 당신을 위해 여기 $5,000을 보낸다. 그리고 내년 봄까지 $10,000을 더 마련하겠으니 당신은 Luther나 Wesley가 각각 자국을 위해 봉사한 것처럼 한국을 위해 하나님의 일을 하길 부탁한다는 내용이다. 당시 좌옹의 기뻐하는 모습이 눈에 보이는 듯하다.

그 후 윤치호 선배의 일기를 관람할 기회가 많았다. 나는 우선 그의 완벽한 영어 실력에 놀랐고 그의 아름다운 필치에 감탄했다. 그는 학업을 마치고 한국으로 돌아와 기독교 지도자로 교육자로 정치가로 사회사업가로 일생을 바치며 근대조선의 난국을 이끌어간 몇 안 되는 지식인의 한 사람 이었음을 알게 됐다. 그리고 좌옹은 서재필, 이승만 등과 더불어 한국의 서구화를 이룩한 핵심 인물이자 선구자였다. 윤치호 선배를 소개해 주신 Laney 총장에게 감사를 드린다. 코로나 팬데믹 전까지는 사적 모임이나 공적 석상에서 Laney 총장을 가끔 뵈었는데 지난 2년간은 그러지 못 했다. 한국

골동품을 좋아하시던 Mrs. Laney가 치매로 고생하시고 총장님이 간호에 열중하신다는 소식만 들었다. 만일 그분을 다시 만날 수 있다면 꼭 묻고 싶은 게 있다. Emory에 막 도착한 우리 초년생 교직원 부부를 왜 집에 초대하셨는지? 내가 한국 사람이라서? 윤치호 학생이 Emory 대학교에 도착했을 때, 학기 시작까지는 총장 관저에 머물러 있으라고 따뜻하게 좌옹을 맞아준 Mrs. Candler의 이야기가 있다(1891.9.10). 그렇다면 이렇게 새로 온 한국 유학생이나 초년생 교직원을 환대하는 게 Emory 대학교의 오랜 전통일까? 항상 그렇지는 않을 것 같다.

나중에 안 일이지만 Laney 총장이 Yale 대학교 학생시절 Pianist인 좌옹의 넷째 아들 윤기선의 제자였다. 이런 각별한 인연이 나를 윤치호 일기로 이끌게 한 것이다. 윤기선(1921~2013)은 내 고등학교 대 선배이고 일찍이 줄리아드 음대를 거쳐 Yale 음악대학에서 지휘로 석사학위를 받고 한국에 돌아와 이화여전, 연희전문, 서울대학 등에서 후학 양성에 힘쓰신 분이다.

대학교에서 완전히 은퇴한 나는 요즘 그의 일기의 편편(영어 원문 또는 한국어 번역, 요약물), 서간집, 종교인들이나 국내외 학자들이 발표한 연구 논문, 그리고 자손들이 출판한 책들과 문중에서 귀히 간직해 오던 몇 책자와 자료들을 읽었다. 특히 복사본이 아닌 그의 친필을 Emory 대학교 도서관에서 봤을 때는 일기 속에서 좌옹을 만나는 기분이었다. 조선이 주위 열강에 치이고 일본에 합병되고 많은 역경을 딛고 해방될 때까지 80 평생 긴 세월을 고국에 남아 나라와 백성을 위해 분투했던 좌옹의 일생을 사마천이 그랬던 것처럼 머리가 아닌 마음으로 그려 보았다. 당시 좌옹과 함께 국내외에서 조국의 자주독립을 위해 몸 바쳤던 몇몇 겨레의 큰 스승들도 함께 마음에 담아본다.

미국 유학생 1호(?)

오래전부터 미국 유학생 1호는 보스턴 근교에서 공부한 유길준 아니면 미국 동남부에서 수학한 윤치호라는 말이 나돌았다. "서유견문기"의 저자인 유길준은 좌옹보다 미국에 먼저 왔지만, 하버드대학에 들어가기 위해 보스턴 근교 도시 Salem에서 영어를 배우며 입학을 준비하고 있었다. 갑신정변이 터져 1년 만에 고국으로 소환되어 정식으로 대학교육은 이수하지 못했다.

그래서 5년간 밴더빌트와 Emory대학교에서 신학과 인문학 교육을 받은 윤치호가 유학생 1호로 알려지게 되었다. 그런데 근래에 메릴랜드 대학교에서 4년간(1887~1891) 농학을 전공한 조선말 개혁파 관료인 변수(1861~1891)가 밝혀져 윤치호는 또다시 미국 유학생 2호가 되었다. 윤치호가 18세였던 미국공사관 통역관 시절엔 개화파인 유대치, 김옥균, 변수 등과 자주 어울리고 특히 변수와는 술도 함께 마셨다(1884.11.1). 좌옹은 개화파 유대치를 고종에게 중용할 것을 권하기도 했다(1884.2.12). 변수는 매릴랜드 대학 졸업 후 미국 농무성에 근무하던 중 안타깝게도 교통사고로 요절해 오래도록 그의 존재가 한국에는 알려지지 않았다. 그는 장래가 유망한 농업 축산의 전문가였으며 미국 농무부에서 탐낸 청년이었다. 그가 만일 한국으로 돌아갔으면 조선의 농촌진흥을 위해 크게 이바지할 재원이었다.

좌옹이 한국인 최초라고 할 만한 것은 따로 있다. 아마도 그의 세계 일주가 아닌가 한다. 대부분 공무로 하와이 미국 캐나다 러시아 프랑스 영국 스코틀랜드 등지를 여행했다. 그리고 1910년에는 시베리아 횡단 철도로 귀국했다. 남들은 해외 나들이는 물론이고 공무로라도 한 번도 꿈꾸지 못할 19세기 후반과 20세기 초반에 대서양, 인도양, 태평양을 종횡무진으로 움직였으니 말이다. 영어 통역관, 자신의 노비를 전원 석방한 것도 조선인 최초이긴 하다.

중화사상 그리고 고종

 구한말 순국열사의 대명사로 불리는 두 선비가 있었다. 한 분은 을사늑약에 항거하여 의병을 일으키고 일본에 포로로 잡혀가 대마도에서 옥사한 면암 최익현(1834~1907) 의사다. 그가 고종의 미움을 사 흑산도의 유배지에 머물때 '기봉강산 홍무일월(箕封江山, 洪武日月)'이라고 바위에 새겨 놓았다. 우리 조선은 은나라 기자가 만들어 준 나라이고, 명나라 주원장의 세월을 살아가는 민족이라는 뜻이다. 그런데 이런 귀한 나라를 감히 일본놈들이 넘보냐는 호통이다. 참으로 어이없다. 그때는 명나라가 망한지가 200년이나 지났으니 말이다. 하긴 면암이 숭배했을 송시열 유학자도 명나라 마지막 황제 숭정제가 사망한 한참 후에 조선 중화론에 함몰돼 '대명천지 숭정일월(大明天地崇禎日月)', 즉 천지는 대명나라 것이오, 세월은 명나라 숭정제의 것이라고 그가 살던 화양동 계곡에 써 놓았다니 말이다.

화양동(華陽洞)은 원래 황양동(黃陽洞)이라 불리던 곳인데 송시열이 이곳에 자리 잡으며 중화의 햇살이 따사롭게 내리쬐는 곳이라고 송시열이 이름을 바꾸었다(신복룡 2022).

그리고 다른 한 분은 조정에서 좌옹과 함께 일했던 조선 말기의 대신 민영환(1861~1905)으로 을사늑약 후 울분을 참지 못해 자결한 순국열사다. 이분과의 일화가 윤치호 일기에 자세히 전해진다. 1896년 민영환이 친선사절단 단장으로 모스크바에서 열리는 러시아 니콜라이 2세 대관식에 참석하는데 윤치호를 통역 수행원으로 대동했다. 그런데 문제가 생겼다. 대관식을 거행하는 성당에서는 서양 예법에 따라 황제 한 사람만 관을 쓰고 하객들은 모자를 벗는 것이 관례였으나 식장에서 민영환은 조선 양반의 갓을 벗으라고 했다고 대로했던 것이다. 그의 고집으로 그는 결국 대관식 식장에 들어가지 못하고 발코니에서만 지켜보게 되었다(1896.5.24/26/27). 이런 웃지 못할 일은 차치하더라도 친선 사절의 목적은 얼마나 달성했을까? 실제로 일본 빚을 갚도록 300만 불을 차관받으러 간 목적은 무위로 끝났다. 이렇게 중화사상에 목맨 대신들과 일해야 하는 좌옹의 마음은 오죽 답답했을까? 그러면서도 좌옹은 모든 사회악의 책임을 유교에 돌리는 것은 옳지 않다고 생각했다. "기독교도 예외일 수 없기 때문이다(1900.10.18)."

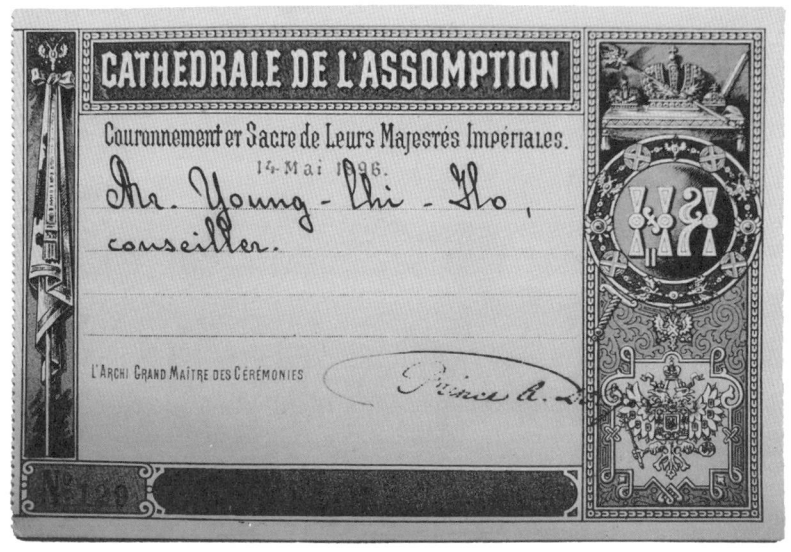

1896년 5월 14일 러시아 황제대관식 입장권

민영환 하면 떠오르는 것이 하나 있다. 운악산 계곡 바위에 새겨져 있는 민영환 암각서이다. 그가 구한말 자주 찾아와 시름을 달래곤 했다는 바위다. 나는 1997년부터 2009년 아산병원과 국립암센터에서 보낸 10여 년간 일요일 새벽이면 운악산 정상에 올라 먼 수평선 너머로 떠오르는 아침 해를 바라보며 나만의 너럭바위에 앉아 명상하곤 했다. 일기를 들춰보면 운악산에 오른 횟수가 100번쯤 된다. 내가 나의 호를 순우리말인 '아해'로 정한 것도 아침 해를 남달리 좋아했기 때문이다. 사람들은 아해 하면 나의 직업 소아청소년과 의사와 연관 지어 옛 우리말인 兒孩로 생각하지만 말이다.

운악산 아래에는 현등사 일주문 직전에 삼 층 단이 있다. 민영환, 조병세, 최익현을 기려 1910년에 세워졌다. 을사늑약으로 민영환과 조병세는 자결했고 최익현은 대마도에서 옥사했다. 1931년 일제에 의해 무너졌다가 1988년 다시 복원되었다. 지금 미국에 살면서 특히 코로나로 인해 다시 가보지 못해 아쉽기 그지없다.

민영환 등 조정 신하들이 중화사상에 젖어 있었다면 군주 고종은 어떠했나? 좌옹의 일기는 고종의 행보를 잘 알려준다. 러일 전쟁 초기에 "제물포에서 총격이 퍼부어질 때 무당의 요구에 따라 궁궐 안팎에 가마솥을 거꾸로 묻었다(1904.4.26)." 덕수궁 함녕전이 불타버렸을 때도 "황제는 풍수장이와 목수를 불러서 재건하라고 지시했다." 또한 "지관 길영수와 점쟁이들이 1900년에 명성황후의 묘를 이장하며 수백만 불의 국고를 낭비했다(1900.12.14)."

George Kennan(1845~1924)이 선교사들에게서 들은 바는, 고종이 무당을 불러 물 끓는 솥에 일본 지도를 집어 넣고 삶아 일본을 '뱅이'(주술 방법의 일종) 하더라(신복룡, 2022년 『잘못 배운 한국사』). 이런 무당과 풍수장이의 말을 따르는 황제를 보고 좌옹의 마음은 어떠했을까? 황현의 『매천야록』에는 다음과 같은 웃지 못할 일화도 실려 있다. 충주 사람 성강호가 귀신을 볼 수 있다 하여 고종은 죽은 명성황후를 보고 싶어 1899년 기해년에 그를 궁으로 불러들였다. 그 후 성강호는 벼슬이 협판까지 올랐다. 또한, 1901년 신축년엔 안영준이란 자가 말하기를 "지리산 줄기가 바다를 건너 왜국까지 이어졌으니, 그곳을 파서 눌러 버리면 왜국이 마땅히 자멸할 것입니다." 고종이 이를 듣고 지리산 자락의 땅을 파서 끊어놓게 했다. 얼마 안 돼서 안영준은 현풍 군수로 부임했다.

1894년과 1897년 사이에 조선을 4번 방문해 오랫동안 조선 구석구석을 여행한 Scotland의 여행작가 Isabella Bishop(1831~1904)은 조선의 무속신앙을 직접 체험한 후 "널리 만연되어 두려움을 주는 미신이 이 나라를 무기력하고도 비참한 상태로 만들고 있다"라고 말한다. 그러면서 조선 관리의 말을 빌려 다음과 같이 덧붙인다. "서울에는 몇천 명의 무당과 점쟁이가 있는데 그들 평균 월수입은 보통 15달러에 이른다. 이 도시에(당시 서울 인구는 25만 밑으로 추정) 푸닥거리로 1년에 지출되는 돈만 하더라도 18만 달러에 이른다."

좌옹은 말한다. "미천한 허풍쟁이, 험담꾼, 술주정뱅이, 거짓말쟁이들이 그들의 실속을 성취하려고 상감을 구름 위에 둥둥 태우고 둘러싸고 있다(1895.8.28)." "황제가 요술쟁이에게 농락당하고 있다고 한다. 몇 년 전 무당들이 대궐에서 전성기를 보낼 때, 폐하께서 무당 앞에 꿇어 엎드리는 일이 다반사였다(1898.5.6)." "황제는 일본을 미워해서 일본 지도를 가마솥에 넣어서 삶고 있다고 한다(1904.4.26 서울)." "나를 괴롭히는 몇 가지 중 하나가 황제가 점쟁이에게 홀려서 궁궐을 짓는 것이다(1904.5.27)." 그의 한숨이 아직도 들리는 듯하다. 그는 계속 한탄한다. "황제의 실정이 이 나라를 붕괴시켰다. 그리고 슬픈 일은 황제에게서도, 비굴하고 부패한 신하에게서도, 끔찍하게 생기를 잃은 대중에게서도 조선의 미래에 대한 아무런 희망을 발견하지 못한다는 것이다(1904.5.6)."

임진왜란 때도 임금이 남의 나라로 달아날 생각만 했는데 고종도 300년 전의 선조와 똑같았다. "이학균이 말하기를 임금이 상해에 피난처로 거처할 집을 마련하라고 하시는데 나는 실망스럽다(1897.1.25)." "나와 함께 일하는 양반들의 행태도 부끄럽기 짝이 없다. 조정 대신들은 늦잠 자고 오전에는 찾아온 손님들의 부탁을 들어주느라 오후 늦게나 등청한다(1904.6.6)." "500년 동안 백성을 돌보지 않는 이 부패한 정부는 차라리 없어져야 하고 누구에겐가(일본이나 러시아) 건네주는 것이 정의롭고 공평하다고 나는 생각한다(1895.10.29)." "유교는 왕을 국가에 군림하는 폭군으로 만들었다. 아버지는 가정의, 시어머니는 며느리의, 남편은 아내의, 남성은 여성의, 주인은 하인의 폭군으로 만들어 가정과 국가에서 모든 자유와 기쁨의 정신을 말살했다. 유교는 폭정의 세계라고 불릴 만하다(1904.5.27)." 조선은 특히 선조 이후부터는 유교로 시작해서 유교로 망했다는 말이 나는 옳다고 생각한다.

갑오개혁으로 사면을 받은 좌옹은 미국유학과 상해 중서서원 교사생활을 마치고 1895년 10년 만에 그리운 조국으로 돌아온다. 선교와 문명개화를 꿈꾸고 고국으로 돌아온 그에게는 조선의 참담한 모습만 보였다. "내각은 대원군파와 왕당파로 나뉘어 서로 헐뜯고, 왕비는 대신들이 서로 반목하게 중상모략을 일삼고, 각국 공사들은 자기 나라 이익 추구에 바쁘고, 일본은 차관금을 미끼로 조정을 점점 압박해 오고(1895.2.13./1895.2.16)." "오백 년을 두고 인민의 피를 흘리게 하는 왕국의 수도에서 헐벗은 산들, 강둑의 혐오스러운 모습, 길가의 찌그러져 가는 오두막들, 이른바 양반이란 것들이 백성에게 행하는 사악한 착취(1895.10.29)." 이광수도 근대 조선 500년사는 민족적 사업의 기록이 아니고 공상(空想)과 공론(空論)의 기록이다. 우리가 보는 전등, 수도, 전신, 철도, 선박, 도로, 학교 같은 것 중 조선인이 순수하게 만든 것이 몇이나 되느냐고 묻고 있다. 좌옹은 "차라리 일본이든 러시아든 통치법을 아는 나라에 맡겨 버리는 게 오히려 정의롭다(1895.10.29)."고 생각도 했다.

좌옹은 미국유학과 상해 중서서원 교사 시절을 마치고 31세에 고국에 돌아와 학부와 외부협판을 거친 후 재차 학부협판으로 발령을 받아(1896.2.12) 조정에서 자기 소신껏 일할 기회가 주어졌다. 같은 해 4월 1일 러시아 황제 대관식 사절단으로 군함에 오르기까지(1896.4.1) 한 달 반 동안의 행적은 눈부시다. 초등학교 두 곳을 세웠으며 러시아어 학교도 세웠다. 그리고 어느 지역이나 초등학교 설립이 중요하다고 강조하면서 학부에서 제작한 서적들을 한성의 여러 지역에서 판매하도록 했다. 이렇게 미래를 위한 초등학교 교육에 힘쓰면서 부정부패의 온상을 제거하려 노력했다. 적당한 자격을 갖추지 않은 인물은 단 한 명도 학부의 직위에 임명하지 않았다. 쓸모없는 교사를 퇴출 했고 권우섭의 문서위조 행위를 적발했다. 그리고 그의 냉정한 판단으로 이완용이 학부대신으로 있으면서 알렌 박사가 맡겨놓은 $4,000을 자기 마음대로 써버리고 요청한 영수증을 끝내 거절하였다(1896.2.12). 그리고 독립신문과 독립협회 일로 고종의 미움을 사 지방으로 쫓겨나 덕원 감리와 삼화감리로 일하던 4년간(1899~1903)에 좌옹은 매관매직의 청탁을 무수히 받았지만 이를 모두 거절했다. 매관매직의 악습은 끊임없이 곳곳에서 일어났고 조선관리들의 부정 축재의 근원이 되어왔다. 총독부도 군수직을 6,000~30,000엔에 거래한다고 동아일보가 보도했다(1929.8.14).

슈테판 츠바이크
(Stefan Zweig)

좌옹의 일기를 대할 때면 나는 늘 유럽의 뛰어난 전기작가 슈테판 츠바이크(1881~1942)가 머리에 떠오른다. 그는 여러 면에서 윤치호와 닮았다. 좌옹처럼 어학에 재능이 뛰어났고 독서와 창작에 열심이었다. 19세기 후반 오스트리아 빈의 유대인 가정에 태어나 20세기 전반을 살다 말년에 낯선 외국 땅 브라질에서 스스로 목숨을 끊었다. 이탈리아의 파시즘, 독일의 나치즘, 러시아의 볼셰비즘, 세계 1, 2 차 대전 등을 몸으로 겪었고 영국의 인도 정복 등 유럽 제국주의가 정점에 달했을 때는 분노로 몸서리쳤다.

1914년 전까지 누리던 유럽의 화려한 문화와 번영은 폭력 앞에 무참히 무너졌고 인류의 양심은 땅에 떨어졌다. 문·사·철(文·史·哲)과 예술을 총망라한 지력(智力)의 집합소인 유럽의 문화살롱에서 당대 최고의 지성인들과 대화를 나눴던 츠바이크였지만 폭력에 의한 문화의 몰락은 그를 절망으로 이끌었다. 영국 정치가 Edward Grey 경(1862~1933)은 세계 1차 대전을 두고 지금까지 유럽 전체를 밝히던 등불이 꺼졌고 우리 생전에 다시는 그 빛을 못 볼 것이라고 한탄했다. 칼 융도 "세계 강대국들에 의해 축적된 자기 파멸의 수단들을 생각할 때마다 나는 슬픔과 두려움에 사로 잡힌다"고 했고, 그러는 동안 모두가 모두에게 조언하지만 아무도 개선의 길이 자기 스스로에게서 시작되어야 한다는 필요성을 깨닫지 못한다고 했다.

츠바이크는 도덕과 양심의 회복을 꿈꿔 릴케, 로댕, 막심고리키, 프로이트, 크로체, 슈트라우스, 라데나우, 로맹롤랑 등 당대 생존하는 최고의 지성인들을 만났고 톨스토이 등 이미 사망한 사람들은 무덤에까지 찾아가 영혼의 대화를 나누기도 했다.

좌옹이 츠바이크와 다른 점은 유럽이 아닌 조선에 태어나 제국주의의 가해자가 아닌 피해자의 처지에서 최선을 갈구했다는 점이다. 좌옹은 늘 아시아인을 감쌌다. 배영(排英)운동에 주동이 되었고, 러일 전쟁 때는 일본의 승리를 환호했고, 네덜란드의 인도네시아 폭정에 분노를 표출하며 뛰어난 역사관으로 히틀러가 유럽에서 광기를 부리던 초기에 히틀러의 패망을 예견했다. "히틀러는 독일의 진시황이다. 그의 미친 정책은 실패할 것이다(1935.1.4)"라고 적고 있다.

불행한 것은 좌옹은 슈테판 츠바이크처럼 주위에 누구를 찾아가 현실을 진지하게 의논할 상대가 거의 없었다는 점이다. 그가 만주나 상해에서 독립운동을 하지 않았기 때문에 이승만 등 민족지도자들과 접촉할 기회가 없었다. 국내에 함께 남아 있던 신흥우, 최린, 최남선, 이광수 등과는 대화가 불가능했을 정도였다. YMCA에서 오래 같이 일하던 신흥우는 타고난 음모꾼으로(1938.2.4) 조선의 모든 기독교 기관을 장악하고 기독교인들에게 독재자로 군림하는 야심가로 변했고(1938.8.31), 독립선언서에 서명한 천도교 지도자 최린은 반일에서 철저한 친일파로 변신했고(1934.10.12), 독립선언서 작성으로 이름을 날린 최남선은 친일 행각으로 역사까지 왜곡하는 암적 존재로 전락했으니 말이다(1934.8.15/1935.12.8).

좌옹은 어학에 뛰어나 한·중·일 영어에 능통했고 불어

실력도 상당한 수준이었다. 마키아벨리의 『군주론』은 불어로 읽었다고도 일기에 적고 있으니 말이다(1902.4.6). 그리고 1924년 12월 5일의 일기엔 "왓슨 씨의 요청으로 나는 프랑스 작가 드모랭의 책 『앵글로 색슨족의 우월성』을 번역하기로 했다"라고도 적고 있다. 그의 독서목록을 보면 동서의 문·사·철(文·史·哲)을 아우르고 번역, 창작 등 그의 높은 인문학적 소양이 슈테판 츠바이크에 못지않았다. 좌옹은 세계 1·2차 대전과 아편전쟁, 청일전쟁, 러일전쟁 등을 겪으며 일제하에서도 끝까지 국내에 남아 백성과 나라를 위해 몸 바쳤다. 위기에는 누구라도 찾아가는 추장 또는 해결사의 역할을 하였다. 나라와 백성을 위해서라면 언제 어디서나 방탄 역할을 기꺼이 하였다.

일본 경찰이 조선독립을 비밀결사 했다고 날조한 흥업구락부 사건 때의 일이다. 강압 때문에 천황을 위해 살겠다는 충성 서약에 서명하므로 그는 구자옥, 최현배 등 동료 31명을 110일간의 유치장 수감 생활에서 풀려나오게 했다(1938.9.3/9.8/9.11). 이렇게 감옥에서 억울하게 고통받던 각계각층의 사회 지도자들을 석방시킨 좌옹은 조금이라도 흐뭇해하지 않았을까? 나라가 무력하여 자신이 십자가를 지고 희생정신으로 거짓 충성 서약을 한 좌옹의 처사가 친일로만 비칠 수 있을까?

좌옹은 교육, 선교, 외교(일본 총독부, 외국 공관) YMCA 업무, 자선사업 등 한 사람으론 도저히 감당하기 어려운 수많은 일을 해내며 홀로 깨어 있어야 했다.

츠바이크는 가장 따르고 싶은 사람으로 16세기 유럽 종교전쟁 시대의 인문주의자 몽테뉴를 꼽는다. 몽테뉴는 츠바이크가 겪었던 것처럼 전쟁 폭력 등 개인의 자유가 위협되는 시대에 살면서도 정신적 도덕적 독립을 지킨 사람이다. 좌옹의 정신적 지도자는 별로 보이지 않는다. 외부로는 야만성이 난무하는 전쟁과 안으로는 몽매한 군주와 패거리짓 하는 궁궐 안팎의 대신들 속에서 자신만의 세계를 지키려 애썼다. 그의 옆에서 힘이 되어 준 사람은 몇몇 선교사들뿐, 독실한 세례인으로 자신의 갈 길을 끊임없이 하느님께 간구했다.

좌옹의 1891년 4월 17일 일기에 보면 시저, 나폴레옹, 루터, 크롬웰, 에머슨 등이 우러러 보인다고 했는데 그중 어느 특정인이 자기의 우상인지는 말하지 않았다. 성경 속 인물로는 역경 속에서도 복음을 전한 사도 바울을 존경한다고 두 번씩이나 밝히고 있다(1891.5.13/1894.8.4). 성경이외에 어떤 실제 인물이 마음의 스승이었는지 나는 궁금 하다.

갈등의 갈림길에서 좌옹이 부친 윤웅렬에게 조언을 부탁

했을 리는 없을 것 같다. 1895년 2월 22일과 23일의 일기를 보면 부자간의 대화가 거의 불가능했음을 시사한다. "아버지와 삼촌은 내가 외국에서 배운 것은 모두 쓸데없는 것이니 다 버리고 현실에 맞게 행세하라" 하신다. "오늘 아버님께 6법의 예의지방(禮儀之邦)과 행세(行勢)가 조선을 망쳐놨다고 말씀드렸다. 아버지는 풍속이라는 관습을 내세워 나를 속박하려 하신다. 하지만 나는 이성과 양심에 따라더 이상 복종할 수 없다. 아버지는 나를 이해하지 못하고 있다"라고 대응하고 있다.

또 "아버지는 치왕, 치창 두 동생에게 중국 역사만 가르치려고 하신다. 그래서 의견대립을 하였다(1904.11.1)." 좌옹의 다른 일기엔 "1887년 종려 주일에 세례를 받았는데 2년 동안이나 부모님께 말씀을 못 드렸다. 외국 종교를 싫어하는 부모님께서 얼마나 놀라실까 겁이 났기 때문이다(1889.4.14)." 훗날 아들이 기독교인인 것을 듣고 좌옹의 어머니가 하신 말씀이 일기에 있다. "사람들 앞에서 내가 그리스도교에 입문한 이야기는 절대 입 밖에 내지 말라고 다짐시키셨다(1895.2.14)."

하지만 좌옹은 끊임없이 아버지에게 상서를 올리며 양친의 안부를 여쭙고 늘 그분들을 그리워했다. 아버지 윤웅렬도 자식의 영달을 위해 남다른 노력을 기울인 것은 확실하다. 어윤중의 신사유람단에 좌옹을 추천함으로써 일찍이 일본어, 영어를 배우게 했고 서양문물에 눈뜨게 했다. 또한 춘생문(春生門) 사건이 실패한 1895년에는 서로를 도와 생명을 보전할 수 있었다.

실제로 선교사들로 인해 조선이 개화의 발길을 내디딘 것은 자명하다. 좌옹은 서양에서 온 선교사와는 비교적 소통이 자유스러웠다. 서로서로 협조하며 YMCA 업무, 학교 업무, 교회일 등을 이끌어가는 모습이 보인다. 하지만 주위의 선교사들과 항상 화기애애하지만은 않았다. 언더우드 박사 부부가 동양인을 경시한다고 실토한다(1903.1.15).

1905년 2월 10일의 일기에선 언더우드 부인이 아내(마부인)의 장례식에 오지 않아서 매우 섭섭했다고 적고 있다. 또 다른 일기에선(1898.5.23) 독립신문 편집이 어렵고 힘들다. 언더우드가 트집만 잡고 도와주지는 않는다고 서운해했다. 선교사 Horace Allen 박사에 대한 좋지 않은 감정도 표현한다. "그는 3李(이재순, 이용익, 이채연)를 앞세워 미국의 이권에만 개입하고 있다. 그는 더 이상 의사거나 외교관이 아니다(1898.1.15)."

캐나다 선교사 하디 박사 부부와는 평생을 친 가족처럼 지냈고(1902.12.4), 차남 광선이 종교교회에서 결혼할 때는 하디 박사가 주례도 서줬다(1917.3.17). 선교사 Dr. Gale 에게는 좌옹 자신의 처지에 대해 자문하기도 했다(1905.4. 20). James Gale 선교사는 Toronto 대학을 나오고 1888년 한국에 와서 『한영사』을 편찬하고, 『천로역경』을 한국어로 최초로 번역했으며, 한역『성경전서』를 출간하기도한 한국을 극진히 사랑한 선교사이다. 그래서 좌옹은 그의 일기에서 "Gale 박사는 조선 문학을 세계에 알린 분이다 (1927.6.22)"라고 적고 있다. 또 좌옹은 곳곳에서 Gale 박사와의 훈훈한 우정을 증언하는 일기를 보여준다. Gale 박사는 좌옹이 하와이 주재 공사로 가지 않기를 바란다면서 이렇게 말했다. "만약 제가 하느님의 섭리를 믿지 않았다면, 조선이 나아지리란 희망을 완전히 버렸겠지만 언젠가는 더 좋은 시기가 올 것이라 믿고, 그럴 때 조선에는 선생(윤치호) 같은 사람이 필요할 것입니다(1904.7.9 서울)"라고. 그리고 다음과 같은 편지를 보내오기도 했다. "공자의 말씀인 '먼 나라의 친구가 있으면 얼마나 행복한가?'를 인용하면서 하느님이 어린이들, 바보들, 조선인을 지켜주실 것이다(1934.12.25 서울)"라고.

> Seoul Jan 13th 1918
>
> My dear Mr Yun,
>
> Many many thanks for your kind letter of which I am quite unworthy — so good a name it speaks, better than great riches. I have put it away carefully as a treasure for my little boy in days to come.
>
> Ever yours most gratefully,
>
> J. S. Gale

James Gale 선교사의 편지(1918년 1월 13일)

    Scotland 출신 여행작가 Isabella Bishop이 『Korea and Her Neighbor(조선과 그 이웃 나라들)』를 쓸 때 Gale 박사의 조언을 들었다고 한다. 그렇지만 좌옹이 늘 책을 손에서 놓지 않은 것으로 봐서 선교사들의 자문보다는 동서고금의 성현들과 대화를 나누며 요동치는 현실의 난제를 스스로 극복하며 최선을 다한 것으로 보인다.

좌옹이 존경한 사람

좌옹이 존경한 분은 월남 이상재 선생(1850~1927)이시다. 평생 청년운동에 몸을 바쳤고 1896년 이승만, 서재필과 독립협회를 창설했다. 온 국민이 존경하는 청빈하고 강직한 민족지도자다. 해외로 망명하지 않고 국내에 남아 좌옹과 함께 오랜 시간 독립협회와 YMCA에서 활동했다. 3.1 운동에 직접 가담하지는 않았지만 옥고를 피하지는 못했다. 좌옹은 수갑 차고 재판정으로 끌려가는 그의 모습을 아파했고 (1919.4.18) 보석금을 내고 석방을 도왔다(1919.6.7). 좌옹은 여러 번의 의견대립에도 15세 연상인 그를 재정지원 하며 극진히 모셨다. 좌옹은 병상에 있는 그를 문병하며 마음이 저려와 다음과 같은 글을 남겼다. "이상재 선생 병세가 악화하였다. 몇 년만이라도 더 사셨으면 좋겠다. 외로움을 가눌 길이 없다(1927.3.18)." 얼마후 그가 서거 했을 때는 장례위원장을 맡아 사회장을 치렀다(1927.4.7). 당시 추모 인파가 10만 명에 달했다고 한다.

거짓말 습성

한국인의 거짓말 습성은 망국을 초래한 가장 큰 원인의 하나라고 여겨진다. 당시 나라를 크게 걱정하여 한성감옥에서 집필한 이승만 박사는 『독립정신』에 나라를 이처럼 절단 낸 가장 큰 원인은 바로 거짓말하는 것이라고 지적했다.

"위에서는 아래를 속이고, 자식은 아비를 속이는데, 남을 잘 속이는 자를 총명하다고 하니……", "거짓말로 집안을 다스리고, 거짓말로 친구와 교제하고, 거짓말로 세계와 교섭하는데……", "협잡이 층층이 늘어나고 폐단이 첩첩이 생겨서 어찌할 수 없는 경지에 이르렀으니……" 이같이 모든 백성에 만연한 거짓말 습성을 없애는 것이 무엇보다 중요함을 이승만 박사는 강조했다.

도산 선생은 기회 있을 때마다 거짓말을 잘하는 습관을 지닌 그 입을 개조하여 참된 말만 하라고 외쳤다. 좌옹도 조선이 원하는 것은 능력이나 재능보다도 애국심과 정직성 이라고(1895.2.23) 강조하면서, 일기 곳곳에 망국의 거짓말 습성이 조선에 뿌리 깊고 넓게 퍼져 칙령을 공포해도 믿는 사람이 없음을 한탄했다(1897.7.14). 좌옹이 좋아하던 춘원 이광수도 그의『민족개조론』에서(1922년『개벽』5월 호) 우리 민족이 고쳐야 할 것으로 첫 번째로 꼽은 것이 거짓말 습성과 남을 속이는 행실이었다. 그러면서 "거짓말을 말자. 속이는 일을 삼가자. 말이나 일에 오직 참되기를 힘 쓰자"라고 누누이 강조했다.

거짓말 악습은 임진왜란까지 거슬러 올라가도 나타난다. 일본침략 가능성을 정반대로 보고한 조선 사신 서인 황윤길과 동인 김성일의 상반되는 진술로 인해 나라가 일본에 의해 거덜 난 사실이 증명해 준다.

김옥균

윤치호의 생을 돌아보는 과정에서 김옥균을 지나쳐 버리기는 쉽지 않다. 그는 연암 박지원의 손자 박규수의 영향을 받아 개화파를 이끌며 정계에 등장한 인물이다. 윤치호도 어린 시절부터 유대치 집에 모여 개화의 뜻을 같이하는 박규수 문하생들과 교류한다. 윤치호의 젊은 시절의 꿈은 정치가 특히 외교관이었다. 윤치호의 재능을 알아 본 김옥균은 윤치호에게 어학공부를 권하며 적극적으로 후견인 역할을 한다.

1880년 김옥균과 윤치호의 아버지 윤웅렬은 수신사 예조

참의 김홍집을 따라 일본으로 간다. 이들의 눈에 띈 일본의 실상은 모두를 감탄케 한다. 귀국 후 윤웅렬은 국력 강병책의 하나로 별기군 조직을 시도하지만 부정 부패가 만연한 현실이 이를 성사하기 어렵게 한다. 1881년 윤치호는 신사유람단의 어윤중의 젊은 수행원으로 유길준과 동행한다. 윤치호는 시찰 임무를 마치고도 귀국하지 않고 일년 동안 同人社(나카무라학교. 中村學校)에 입학해 어학공부를 한다. 모두 김옥균의 배려로 이루어진 것이다.

그리고 1882년에 김옥균의 권유로 다시 일본으로 건너가 영어 공부를 한다. 김옥균은 외교무대에서 윤치호를 큰 재목으로 키우기 위해 영어 습득을 권한 것이다. 일본의 유신제도가 구미에서 온 것이므로 영어 공부가 필수인 것을 일찍이 감지한 것이다. 실제로 김옥균은 조선에서 제일 먼저 영어를 배운 사람중의 한 명으로 그의 영어실력은 놀라웠다고 한다. 윤치호의 일본에서의 영어 공부는 결코 쉽지 않았다. 우선 영국인이나 미국인의 정식 영어교사가 아닌 일본주재 네덜란드 서기관으로부터 영어를 배워야 했기 때문이다. 그리고 지금처럼 쉽게 구할 수 있는 영한 사전이 있는 것도 아니었다.

1883년 1월 16일의 일기는 당시의 상황을 잘 말해준다. 하츠다(初田)의 산호각(珊瑚閣)으로 가서 『영화화역자전(英華

和譯字典)』을 사려 하였다. 그러나 부록이 없어서 字典과『英和語學獨學案內』를 샀다. 즉 영어를 중국말로 또는 영어를 일본말로 배울 수 밖에 없었다. 하지만 윤치호의 어학적 재능과 학구열은 남달랐다. 불과 몇 개월의 영어 공부로 초대 미국 공사 Lucius Foote의 통역관이 되어 귀국한 것이다. 이렇듯 김옥균은 윤치호의 든든한 후견인이었고 윤치호로 하여금 미국과 청나라는 물론 러시아, 독일, 불란서, 영국 공사들과 불편 없이 소통할 수 있게 만들었다. 결국 윤치호는 구한말 열강 사이에서 조선을 대변하는 단순 통역관이 아닌 거의 유일한 외교관으로 활동하면서 자신의 폭 넓은 세계관을 형성해 갔다.

훗날 윤치호에게 영향을 미친 인물도 많다. Emory 대학의 Dr. Warren Candler, 상해 중서 서원의 평생 은사 Dr. Young Allen, 친구 선교사 James Gale과 Robert Hardie 등이다. 이들 모두는 기독교 교인으로 한편으론 교육자였다. 윤치호의 신앙생활에 큰 등불이 되었던 분들이다.

명치유신으로 이루어낸 일본의 서구식 개화의 모델을 체험한 개화파들은 1880년대부터는 조선도 서양문물을 흡수해 청나라의 간섭에서 벗어나 자주독립과 부국강병을 이룰 것을 꿈꿔왔다. 특히 이들의 리더인 김옥균은 1881년 일본에서 후쿠자와 유키치(일본의 정치가, 계몽가 1834-1910)를 만나 유교적 중화사상에서 벗어난 탈아론(脫亞論)을 경청하며 이를 바탕으로 혁신 조국의 그림을 그리고 있었다. 한편 청의 간섭에 순응하는 민씨 세력들은 오히려 개화파들을 점차 위협하고 있었다. 이런 절박한 배경에서 되돌릴 수 없는 운명의 갑신정변이 일어난다.

1884년 12월 4일 목요일, 맑음
(1884년 일기는 대부분 한문으로 쓰여져 있음)
이 날의 윤치호 일기는 예외적으로 길다. 몇 페이지에 이른다. 갑신정변의 급변하는 순간 순간들을 영화의 각 장면들처럼 상세히 서술해 놓았기 때문이다. 일기의 첫 줄은 "저녁 7시에 미국공사 Foote 그리고 서기와 함께 우정국(郵政局)으로 가서 연회에 참석하다."로 시작한다. 그날의 일기를 약 1/4 ~ 1/5 로 짧게 요약해 본다.

"저녁 연회가 거의 끝나갈 무렵에 어떤 사람이 후면에서 불이 났음을 알렸다. 그런데 갑자기 한 사람이 바깥으로부터 신음하며 들어오는데 피가 흘러 옷을 적셨고 얼굴빛이 창황(蒼黃)하였다. 만좌가 놀라서 보니 그는 민영익이었다. 자객에게 귀에서 볼까지 찔리어 떨어질 만큼 쪼개져 있었다." "밖으로부터 또 떠들썩한 소리가 들려왔다. 모든 손님들이 뒤쪽으로 달아나고 있었다. 다만 미국공사와 서기관, 그리고 나만이 청상(廳上)에 서 있었다." "형세가 좋지 않은 것을 보고 나는 미국공사와 서기와 함께 걸음을 재촉하여 공사관으로 돌아왔다." "새벽 4시경 상(上)께서 박한응을 보내어 미국 공사를 위문하였다. 나중에 상(上)을 뵈러 행궁(行宮) 경우궁을 두드려 문을 열게 하니 여기에 김옥균, 박영호, 홍영식, 서광범이 있었다." "병조판서 이재원, 경기관찰사 심상훈, 사관장(士官長) 서재필 등은 모두 칼을 뽑아 들고 방을 에워싸고 있었다. 편실(便室)에는 일본공사 다케조에와 시마무라가 앉아 있었다." "어실(御室)로 들어가 주상을 뵈오니 존안(尊顔)엔 번뇌하는 기색이 가득 하셨다. 곤전께서는 옷을 바꾸어 입고 시녀들에 섞여 계셨다. 동궁께서는 탕건과 두루마기 차림이었고 시녀들이 모시고 있었다. 근심스러운 빛이 방에 가득하고 창황 처참한 광경은 눈물이 흘러 옷을 젖게 하고 목이 메어 말을 할 수 없었다." "상께서 즉시 병정을 보내어 미국공사와 영국 영사를 호위해 궁으로 올 것을 명하셨다. 이에 물러나 좌우영(左右營) 병대 20명을 지휘하여 미국 공사관으로 떠났다." "미국 공사에게 上의 소명을 전하고 나니 날이 밝아 오고 있었다. 이것이 이날 밤에 겪은 것이다. 참, 민영익은 묄렌도르프(고종의 고문, 총 세무사)집에 누워 있었다. 미국 의사가 가서 치료했으나 치료하기 어렵다 하니 딱하다."

이야기는 다음 날로 또 그 다음 날로 길게 이어진다. 김옥균의 삼일천하가 이랬던 것이리라.

12월 5일 금요일, 맑음
"일찍 일어나 미국공사, 영국영사와 같이 행궁에 나아가 폐현하다. 이어 물러나와 다케조에와 담화하였다. 이어 들으니 유재현은 화약에 불을 지르려다 참살되었고, 한규직, 윤태준, 이조연 3영사(三營使)가 피살되고 민영목, 조영하, 민태호도 피살되었다 한다. 이때 도로는 사람으로 가득 차 다른 사람 어깨와 맞닿고 가마와 말은 지나가기 어려웠다. 돌아오는 길에 미·영·독의 공사, 영사가 뮐렌도르프 집에 들러 민영익을 문병하였다. 저녁때 '김옥균 등이 저지른 일은 무식하여 이치를 모르고 무지하여 시세에 어두운 것'임을 가친과 논의했다."

12월 6일 토, 맑음
"오후에 가친을 찾아 뵙다. 김옥균 등이 우리 부자를 끌어들여 같은 무리로 삼으려 하니 두렵다 하신다. 오후에 말을 달려 공사관으로 돌아 왔다." "총소리가 궐내에서 연이어 나고 인민들이 길 위로 도주하고 있다고 한다. 생각건대 청인이 임금의 처소로 들어가 일본인과 접전하는 것 같단. 가친이 상인차림으로 오셔서 말씀하셨다. 지금 청인은 임금의 처소로 쳐 들어갔고 우리 인민과 군병은 청인을 도와 돌아섰고, 일인은 이에 총으로 대항하여 구중궁궐이 갑자기 전쟁터가 되었다."

12월 7일 일, 맑음
다음 날의 일기도 급변하는 정변상황을 다룬다. "낮에 상께서 위안스키(원세계)의 진영으로 거동하셨다 한다. 오후 2시경에는 일본공사가 군대를 이끌고 인천 제물포로 물러나 돌아갔다. 저녁때 일본 공사관이 타 버리고 김옥균의 집도 타 버렸다."

12월 8일 월, 맑음
일기는 이어진다. "여러 사절들이 폐현하고 위문을 마치었다. 상께서 여러 공사에게 친히 제물포로 가서 다케조에 신이치로와 만나 양국의 강화를 합동 상의 하도록 청하셨다. 여러 사절들이 명을 받들고 물러 나왔다." "아침에 폐현할 때 내가 아뢰기를 '신의 부자가 여러 사람의 의심을 받는 처지에 있어 황송하고 두렵기 이를 데 없습니다'라고 하였다. 상께서 말씀하시길 '나는 너의 부자가 죄가 없음을 알고 있으니 걱정하지 말라'고 하셨다. 성은에 감사하다. 들으니 홍영식이 난민에게 피살되었고 김옥균, 박영효, 서광범, 서재필은 모두 도망쳤다 한다. 주상께선 또 "김옥균, 박영효 등이 너의 아비를 해치려 하였으나 그리하지 못한 것은 네가 미국 공사관에 있기 때문"이라고 하셨다. 서재창(徐載昌)이 갇혔다 한다. 듣자 하니 일전에 민영익을 몰래 공격한 자는 바로 서재창이었다 한다."

12월 10일
저녁때 上께서 창덕궁(昌德宮)으로 환어 하시다.

12월 11일
이날 곤전(坤殿), 동궁, 대왕대비께서 환어 하시다.

12월 4일부터 며칠간의 일기를 살펴보면 김옥균, 서재필, 서광범, 박영효, 홍영식, 이재원, 심상훈 등이 주도한 정변을 윤웅렬, 윤치호 부자는 눈치 채지 못하고 있었다. 그리고 영국, 청국, 미국, 러시아 공사관도 전연 알지 못하고 있었다. 가담자들은 모두 처형되었지만 김옥균, 서재필, 서광범 등은 망명으로 목숨을 건졌다. 그리고 윤치호와 가까웠던 변수도 가담하지 않았다는 사실을 일기는 밝혀준다. 윤치호 부자는 거사에 가담하지 않았어도 김옥균과의 친분 관계로 의심을 받아 극심한 곤경에 처해 있었다. 윤치호는 Foote 공사의 보호로, 윤웅렬은 고종황제의 도움으로 가까스로 목숨을 건졌다.

나는 1884년 12월의 일기를 읽으며 윤치호에게 감사한 마음이다. 여러 공사관으로 그리고 행궁으로 종횡무진 쫓아 다니며 기억해 두었던 윤치호의 기록이 없었더라면 갑신 정변 같은 중요한 역사적 사실이 제대로 알려지지 않을 뻔 했기 때문이다.

윤치호는 갑신정변 10년 후에 일본에서 상해로 옮겨온 김옥균을 마지막으로 본 사람이 된다. 1894년 3월 27일 '상해'의 일기를 보자. "오보인(吳保仁: 일본 주재 청국대사관 서기)으로부터 김옥균이 상하이에 도착했다는 사실과 일본 여관인 동화양행(東和洋行)에 묵고 있는 그를 방문하기 바란다는 전갈을 받았다. 저녁 식사 후 여관으로 가서 반갑게 그를 만났는데 일행은 김옥균과 그의 일본인 수행원(오보인) 그리고 도쿄에서 만난 적이 있는 조선인 홍종우(洪鍾宇)였다. -〈중략〉-

일기는 계속된다. "When I suggested that Hong (洪) might have been sent as a spy (홍종우가 밀정으로 파견되었을지도 모르겠다고 내가 말하자), 김옥균은 'But then, he has nothing to spy. He seems to know everything. I don't trust him, however(설령 그렇다고 해도 나는 숨길 것이 없는데. 홍종우는 모든 것을 아는 듯 행동하지만 나는

그를 믿지 않지)'라며 김옥균은 자신이 있어 보였다." 사람은 한치 앞도 내다 보지 못한다고, 바로 다음 날 김옥균은 홍종우에게 총격을 당해 43세의 파란만장했던 생애를 마감하고 만다. 어떻게 윤치호는 홍종우를 자객으로 의심했고 김옥균은 그것을 눈치채지 못했을까? 안타깝다. 윤치호가 그의 어릴 적 후견인에게 크게 보답할 기회가 왔었는데 말이다.

꿈을 이루지 못한 김옥균의 생애를 오열하며 함께 조선의 개화를 부르짖던 『서유견문록』의 저자 유길준은 다음과 같은 짧은 조문 (弔文)을 남긴다.

"슬프다!
비상한 재주를 품고,
비상한 시대에 태어나
비상한 공을 이루지 못하고
비상한 죽음을 맞는 구나."

언젠가 신복룡 교수는 백년 전의 세 金씨 김옥균, 김홍집, 김윤식을 3金 시대의 김대중, 김영삼, 김종필에 비교하면서 성격이 과격했던 김옥균을 김대중 전 대통령에 비유하는 재치를 보여주었다. 나는 김옥균을 생각하면 아일랜드의 Oscar Wilde의 이미지가 먼저 떠오른다. Wilde는 천재형

작가로 뛰어난 희곡과 주옥 같은 시를 남겼다. 김옥균은 만능 재주꾼으로 서예, 바둑 등 못하는 것이 없었고 어려서부터 詩를 썼다. 그가 6세 때 썼다는 詩 '달' 은 그의 웅대한 어쩌면 정치적인 포부를 그려낸다. "달은 비록 작지만 천하를 비친다."라는 짧은 그 詩.

두 사람 모두 방탕하고 문란한 삶을 산 것도 같다. Wilde는 동성애적인 삶과 함께 여성에게 탐닉했으며 그가 관계한 여성의 다수는 매춘부였다. 그는 사회적 규범과 통속적인 성 관념에 대해 도전 했으며, 실제로 죄가 진보의 본질적인 요소라고도 믿었다. 결과는 참담했다. 그의 사회적 지위와 명성은 허물어졌으며 투옥을 피할 수 없었다. 김옥균은 조선의 근대화의 꿈을 이루지 못한 좌절감에 일본의 개방적인 성 문화에 스스로 빠져들었을 수도 있고 우경화된 일본 사회에서 점차 생명의 위협을 느끼자 도피의 수단으로 Sex에 몰입했을 가능성도 있다. 일본에 망명 중인 손문을 도운 도야마 미쓰르가 암살의 위험을 벗어나기 위한 방편으로 그에게 무절제한 생활을 권유했다는 이야기도 있다. 하지만 그의 행동을 지켜본 갑신정변의 동지 박영효 등은 실망했고, 결국 김옥균은 여러 여성에게서 자식을 보았다. 김옥균의 사망 시에는 그의 위폐를 모시겠다는 여인만도 일곱 명이나 있었다고 전한다.

Wilde는 사회주의와 노동자의 권리를 위해 싸웠고 김옥균은 서양의 선진 문물을 흡수해 조국을 개화시키고 독립을 이루려는 꿈을 꾸었다. 두 사람 모두 불운한 말년을 살았고 한 사람은 우울증으로 한 사람은 총에 맞아 이국 땅에서 숨졌다.

서재필

　김옥균과 더불어 갑신정변의 주역이며 계몽운동의 선구자인 서재필은 윤치호와 가장 가까이서 독립신문 창간, 독립문 건설, 독립협회 창설, 협성회, 독립협회 토론회, 만민공동회 등에서 앞서거니 뒤서거니 한국 근대화의 물결을 일으켰다. 윤치호는 1898년 서재필이 2차 도미하면서 독립신문, 독립협회 등을 도맡아 운영하게 된다. 김옥균과 박규수의 영향을 받은 서재필과 윤치호는 박영효, 유길준, 이상재, 이승만과 더불어 한국 근대사에 가장 큰 영향력을 끼친 정치적 지도자임에 틀림없다.

중서 서원의 은사 Allen 박사의 권유로 1893년 윤치호가 서재필을 Washington D.C.로 찾아간 적이 있다. 좌옹이 Emory 대학에서 학업을 마치고 Washington D.C.로 조선공사관을 방문할 때의 일이다(1893.8.14). 여러 나라 국기가 펄럭이는 공사관 거리 앞을 걸어갔다. 태극기가 보여 자랑스러운 마음으로 조선공사관 주변을 서성였다. 태극기는 1882년 조미수호통상조약 조인식에서 처음으로 계양되어 여러 번 모양이 조금씩 변형되었는데 1893년에는 어떤 모양의 태극기가 조선공사관에 계양 되었는지 궁금하다. 당시 직원들은 대리공사 이완용 그리고 이하영 외에 통역관 이채연이 있었다. "그들은 다 휴가를 떠난 모양이다." 갑신정변 이후 역모로 찍혀진 자신을 만나 줄 이유도 없을 것 같아 좌옹은 일본공사관으로 발길을 돌려 갑신정변의 주역들인 서재필과 서광범, 변수의 근황을 물었다. 서재필은 벌써 Columbian 의과대학을 2등으로 졸업해 병리학 임시 교수로 월급 $100을 받으며 의학박물관에서 일하고 있었다. "그를 의학박물관으로 찾아가니 그가 보인 그 차가움이란! 그는 한 도시에 살면서도 동지 서광범을 거의 일 년 동안 만나지도 않은 모양이다. 서재필은 행복한 삶을 꾸리고 있었는데 생계가 힘든 서광범을 외면한 채 살고 있다니(1893.8.14)!" 그날 서재필의 모습에 실망도 컸던 것 같다.

서재필은 금전 거래에선 미국식 자본주의의 사고방식이 뼛속까지 배어 있었나 보다. 그가 고종의 눈에서 벗어나 1898년에 미국으로 추방당하다시피 미국으로 떠날 때의 일이다. 월급 300불씩 10년간 계약한 대로 일을 하지 않고도 28,800불을 기어코 더 받아냈다.

　하지만 좌옹과 서재필은 독립협회 시절 의기투합했으며 한국과 미국에서 서로 떨어져 살고 있었어도 그들의 민족의식은 변함이 없었다. 변영로가 송진우로부터 받은 시급한 요청서를 가져왔는데 서재필이 금전적으로 도움을 청하는 편지였다. "요청 금액 3,000엔 중 김성수가 1,000엔, 동아일보가 1,000엔을 기증한다기에 나는 500엔을 약속하고 나머지 500엔은 박영효가 할 것으로 추측했다(1935.5.14)."

　1947년 7월 1일 서재필은 미 군정 최고고문 자격으로 해방된 조국을 찾아와(2차 귀국) 11월 16일 독립문 건립 50 주년 기념식에 참석한다. 50여 년 전 독립협회 시절의 윤치호를 잊을 수 없었으리라. 이승만의 남한 단독 선거의 의향과 달리 서재필은 남북회담을 지지하며 대통령으로 추대까지 받지만 이를 단호히 거절한다. 1948년 8월 15일 오전 11시 대한민국 정부수립 선포식에 참석하고 오후 2시에는 민주주의 자유 옹호 위원장이 된 옛 동료 김병로와 함께 자유종 시당식

(始撞式)에 참석한다. 그리고 며칠 후 미국으로 떠나 1951년 87세를 일기로 영면하지만 1994년 그의 유해는 다시 돌아와 (3차 귀국) 국립현충원 애국지사 묘역에 안장된다.

어학의 천재들

　Isabella Bishop은 그의 책 서문에서 한국에 온 외국인 교사들이 "조선 사람들은 빠른 외국어 습득 능력을 갖추고 있다"라고 증언한다. 1883년 요코하마 주재 Netherlands 서기관에게 4~5개월 동안 영어를 배우고 Lucius Foote 첫 주한 미 공사의 통역관이 된 윤치호는 영어, 한국어 이 외에 중국어, 일본어 등 4개 국어를 능숙하게 구사했다. 그리고 프랑스어까지도 가능했다. 그가 일기를 쓰기 시작한 1883년에는 한자로 일기를 썼고 1887년부터 1889년까지는 한글로, 그리고 Emory대학교 도서관에 보관된 1889년 12월부터의 일기들은 영어로 썼고 본인 자신도 영어로 쓰는 게 편하다고 구술하기도 했다. 그의 일기를 아무리 읽어 봐도 마치 외국 사람이 쓴 것처럼 어색하게 읽히는 곳이 없다. Laney 총장도 영어를 완전히 구사하는 좌옹의 능란한 영어 표현에 감탄한다고 했다. 내가 우연히 펴 본 1939년 12월 30일의 일기에서 그가 모르던 영어 단어가 있긴 있었구나 하고 느낀 적은 있다. 팔당 방면에 그가 새로 산 밭을 둘러보고 있었다. 그때 두꺼운(2 feet=약 61cm) 얼음을 깨고 잉어를 끌어 올리는 낚시꾼들이 보였다. 잉어를 Ing- Uh라 쓰고 잉어리(鯉) 자를 옆에 써 놓았다. 아마도 carp 라는 영어 단어가 얼른 떠오르지 않았나 보다.

당시 윤치호 주변 인물들의 어학 실력도 상상을 초월한다. 이승만은 19세에 배재학당에 입학하고 20세에 영어 교사를 했으며 22세 때 한국의 독립이라는 제목으로 졸업연설을 영어로 유창하게 해서 주위 사람들을 놀라게 했다. 또한, 김옥균을 살해하고 훗날 고종 측근이 되어 이승만을 장기간 옥살이시킨 홍종우는 최초의 프랑스 유학생으로 1년 만에 춘향전을 불어로 번역한 장본인이기도 하다. 좌옹과 가깝던 변영로도 영시를 자유자재로 썼다. 나는 어학 습득 능력은 남자보다 여자가 뛰어나다고 생각해 왔다. 그런데 구한말 이름난 역관들은 모두 남자였다는 사실에 할 말을 잃는다. 구한말과 그 이전엔 여자가 언문을 배우는 것도 드문 일이었으니!

갑신정변 전후 개화의 물꼬를 텄던 인물들은 어학 실력 외에 시와 글에도 재능이 뛰어났다. 어려서부터 시를 쓰고 미술, 음악, 바둑 등 모든 분야에 다재다능했던 김옥균은 물론, 감옥에서『독립정신』을 단 4개월 만에 집필한 이승만도 시를 6세부터 썼다. 물론 계관 시인이라 불리는 윤치호도 시를 쓰고 번역 창작 등 문필 활동도 활발했다. 이들을 이은 수많은 시인, 문장가들도 눈에 띈다. 변영만, 이건창, 정인보, 최남선, 이광수, 신채호, 박은식, 장지연 등이 머리에 떠오른다. 당시 나라의 운명이 달랐으면 옛날 르네상스 시대를 재현하지 않았을까? 일제의 수난 속에서도 많은 지도자가 민족혼을 일깨우는 책들을 펴냈다. 신채호의『상고사』, 박은식의『통한사』, 황현의『매천야록』그리고 이승만의『독립정신』. 일제 통치하에 탄생한 위의 책들을 읽어보면 마음이 저린다. 그리고 저자들이 우러러 보인다.

이승만의『독립정신』은 정말 특이하다. 유일하게 백성의 눈높이에서 순한국말로 썼기 때문이다. 백성들을 깨우치기 위해서였다. 책 곳곳에 '새로운 책을 읽어라', '거짓말을 하지 마라', '의리를 지켜라', '외국인을 증오하지 마라', '외국인과

통상을 하라', '서양문물을 익혀라', '주인 의식을 가져라', '외국인과는 시시비비를 가려라' 등등…….

나는 오래전부터 가장 중요한 책 한 권을 뽑으라면 일연의 『삼국유사』라고 말해 왔다. 우리의 민족혼이 담겨 있기 때문이다. 미당 선생의 시의 원천인 듯하고, 무의식 속엔 내가 그 책 속에 사는 것을 본다. 무인도에 가게 되면 꼭 가지고 가야 할 책 하나를 꼽으라면 많은 사람은 성경을 꼽을 것 같고 좌옹도 당연히 그럴 것 같다. 나는 『삼국유사』가 아직도 나의 선택이다. 하지만 하나만 더 갖고 갈 수 있다면 이젠 이승만의 『독립정신』을 꼽겠다. 만 29세의 청년으로 간수의 엄격한 감시 아래 지필묵의 반입도 금지된 컴컴한 감옥에서 목숨을 걸고 단지 4개월여 만에 완성한 책이다. 사마천의 『사기』처럼 방대하지는 않아도 세계 각국의 흥망사는 물론 우리 민족의 독립 역사, 세계 지리, 미국 건국의 역사, 남북전쟁, 프랑스 혁명사, 주요 국가의 동맹조약에 그 해설까지 덧붙였다. 그 외에 천문학, 과학 등 모든 지식을 총망라하고 있으며, 박은식의 『한국통사』나 신채호의 『상고사』처럼 우리의 민족의식을 고양시키는 책이다.

이승만의 『독립정신』이 다른 책들보다 더 귀하게 여겨지는 것은 사마천의 『사기』에서처럼 부당한 권력을 비판하고 약자를 옹호하고 있기 때문이다. 그리고 역사의 주역이 군주나, 대신 또는 어떤 권력자도 아닌 백성이라는 인식을 깊이 새겨주기 때문이다. 사마천은 학문에 뛰어난 아버지를 두어 큰 도움을 받았지만, 이승만은 몰락한 선비 집안에 태어나 어려서 서당에 다닌 것이 전부였다. 더군다나 사마천은 『사기』를 쓰기 전에 이야기의 원천이 되는 고장이나 역사적 인물들의 자손을 직접 발로 찾아가 역사적 진실을 직접 몸으로 체험했지만, 이승만은 감방에 갇힌 몸으로 많은 것을 기억에 의존할 수밖에 없었으니 이것 하나로도 그의 놀라운 천재성을 대변해주는 것 같다. 사마천과 이승만이 비교되는 것은 전자는 치욕적인 궁형을 받았다는 것이고 이승만은 생사를 가늠할 수 없는 영어의 몸이 되었다는 것이다. 둘 다 붓다의 인욕 바라밀의 가르침처럼 인내의 끝까지 견뎌내며 생명 넘치는 저술을 남겼다는 것이다.

편 가르기

조선 사람들은 언제나 어디서나 갈라져 싸운다고 좌옹은 개탄했다. 그 대표적인 예가 1921년 5월 4일 일기에 보인다. "이승만 씨가 상해 임정 지도자들과 함께 일하는 것이 불가능하다는 것을 깨닫고 실의에 빠져 대통령직에서 물러나기로 했단다. 어차피 하나로 뭉치지 못할 바에야 아예 갈라서는 게 낫다"고 생각했다. 그리고 곳곳에서 일어나는 여러 계파 간의 싸움이 일기에 수시로 등장한다. "케케묵은 보수주의가 남부를, 무분별한 공산주의가 북부를 망치고 있다(1931.1.24)." "망국적 파벌주의(친청, 친러, 친일, 친미, 장로교, 감리교, 감리교는 또 남 감리교 북 감리교. 도쿄 유학생들의 파벌주의(1921.6.12)", "베이징 거주 조선인이 500명 정도인데 분파가 7개나 된다(1921.11.20)" 등등.

"우리가 존경하는 정다산은 위대한 학자다. 그가 남인이었다는 이유로 노론파 사람들은 그의 책을 읽지 않는다(1935.7.17)." "왕당파와 친일파 대신들이 서로 헐뜯고 있다(1904.5.4)." 일기책 몇 장만 펼쳐도 파벌 싸움의 소식이 앞뒤를 도배하고 있다.

하지만 좌옹이 가장 걱정했던 그리고 끝내 극복하지 못했던 파벌 싸움은 서북파와 기호파 간의 대결이다. 이로 인해 애국가 작사자의 시비도 좌옹과 도산의 사후까지 아니 사후 70여 년까지도 이어지고 있다. "서북파 안창호 씨는 노골적으로 기호파 세력을 제거한 다음에야 일본으로부터 독립해야 한다고 주장한다. 믿을 수 없는 일이다(1921.1.8)." "하와이 미국 만주 시베리아 상하이에서 서북파 기호파가 나뉘어 싸우고 서울에서도 그렇다(1931.1.8)." "우리는 제발 분열되지 말고 하나로 뭉쳐야 한다. 나는 서북파인 이광수를 좋아한다(1931.1.8)." "신흥우나 유억겸은 평양 인사들이 기호인을 싫어하는 이상으로 서북인을 싫어한다. 이화여전에서 문학을 주제로 한 강연에서 이광수를 초빙했다. 그런데 예정 시간을 불과 몇 시간 앞두고 유억겸이 이광수의 강연을 취소했다. 이광수가 본부인과 이혼했다는 이유를 핑계 삼았다(1931.4.19).""내 셋째 딸 문희와 정광현이 YMCA 회관에서 결혼식을 올렸을 때도(1929.3.12) 내가 평양 사위를 얻는다고 비난이 빗발쳤다. 그리고 신흥우는 내 사위 정광현의 형인 정두현이 이화여전에서 강의하는 것을 취소해 버렸다. 이유는 여선생이 강의를 맡아야 한다는 것이었다. 하지만 나는 평양 사위가 성공하기를 바랄 뿐이다(1931.4.19).""축구경기에서 평양팀이 패하자 평양시민들이 기호인 심판을 구타했다. 지배계층으로 군림했던 기호인을 증오하는 것은 이해하지만 우리는 언제쯤 단결된 민족이 되려나(1921.6.4 서울).""

"파벌 싸움은 민족 최대의 천벌이다. 권력을 독점하여 백성의 투지를 꺾었던 조선왕국은 1905년에 사라졌지만, 안창호가 이끄는 서북파는 기호파를 미워한다. 안창호 같은 지도자가 왜 난국에 빠진 민족을 파벌을 조장하며 화해 불가하도록 적개심을 갖게 하는지 이해할 수 없다(1931.4.17)."

"안창호가 말하기를 일본은 불과 몇 년 동안 적이지만 기호인은 500년 동안 우리의 적이므로 기호인을 먼저 박멸해야 한다고 주장했다고 한다. 신흥우와 여운형이 서북파에 대항하는 조직체를 만들자고 하는 것을 나는 만류하며

(1933.10.4)" 여운형에게 다음과 같이 말했다. "서북인은 오랫동안 억압받아왔다. 그들은 신분상 이질감이 없이 응집력이 있으며 교육을 받았다. 기독교계, 산업계 관계 지도자도 많다. 흥사단의 안창호 같은 지도자를 배출시켰다. 일본인보다 더 기호파를 미워하기 때문에 일본당국은 이를 이용하여 분열을 조장할 것이라고 말해주었다(1933.10.6)."

"그렇다면 기호인은 무엇을 해야 하나? 기호인은 응집력이 없다. 기독교 재계(財界) 관계에서 대립하기보다는 서북인들과 신사적으로 협력하면서 시시비비를 가려야 한다(1933.10.8)." 이렇게 많은 증오심의 공방을 접하며 나 자신 마음이 쓰려옴을 느낀다. 한국사회의 분열의 골이 얼마나 깊은지 그리고 소위 사회 지도자들이 서로를 얼마나 반목하고 있는지를 여실히 나타낸다. 안창호가 형무소에 수감 되었을 때였다. 이광수의 요청을 받고 오후에 면회를 갔다. "신흥우, 유억겸, 김활란은 내가 서북계와 우정을 나누는 것을 싫어하는데 볼썽사납다(1932.7.17)." 김활란은 좌옹이 당국자들에게 안창호를 석방해 주라고 번번이 요청했다는 소문에 분개했던 것이다. 우정과 당파 간의 경쟁은 별개의 문제다. 분열을 없애고자 노력하는 좌옹의 행동은 여러 곳에서 엿볼 수 있다. 그는 한마음으로 뭉쳐야만 독립을 성취할 수 있다고 믿었다.

좌옹과 안창호의 관계를 조선 후기 특히 예송논쟁(禮訟論爭)으로 대립했던 남인 허목과 노론 송시열에 비교할 수 있을까? 숨 막히는 논쟁의 대립에도 허목의 품격을 믿은 송시열은 그의 신병 치료를 허목에게 맡겼고 허목은 송시열을 살려냈다. 허목과 송시열의 논쟁은 한갓 상복 때문이 었지만 도산과 좌옹의 대립은 백성의 안위와 조국의 자주독립에 관한 중차대한 문제였다. 이 둘의 화합이 어느 때보다 중요했다. 안창호가 좌옹을 미워한 것은 오래된 지역감정뿐이었지 결코 좌옹의 인성이나 행적을 겨누어 말한 것은 아니었다.

좌옹은 안창호가 평양에 설립한 대성학교 교장직도 수락했고, 안창호가 구속됐을 때는 이광수의 청을 들어 다나카 경무과장을 찾아가 선처를 부탁했다(1932.7.11). 신흥우, 유억겸, 김활란 등의 반대에도 면회를 가서 우정을 나누었다(1931.7.15). 안창호가 석방되어 평양에서 서울로 왔을때 중앙호텔로 찾아가서 단독 면담도 했다(1935.3.24). 그리고 그에게 왜 기호파를 반박하고 비난했냐고 직접 물었을 때 안창호는 "나는 조선인들에게 지역감정을 부추기느니 차라리 죽음을 택하겠다(1935.3.24)"라고 지역감정이 없음을 피력했다.

좌옹은 서울에 온 안창호와 만나 우정을 나누는 동안 종로 경찰서 고등계에 불려가기도 했다. 안창호를 위해 어떤 공개적인 영접행사도 하면 안 된다고 경고를 받았다(1935. 11.30). 안창호가 별세했을 때 좌옹은 일기에 "친구를 잃은 슬픔이 깊다(1938.3.10)"라고 적었다. 이런 정황으로 보아 두 사람은 서로를 신뢰했고 좌옹이 기호파 동료들의 반대에도 불구하고 서북파와의 관계를 개선해 보려던 노력은 충분히 인정해야 한다고 생각한다.

민둥산, 꽃, 나무

좌옹은 나무들이 잘려나간 민둥산을 보며, 나무를 땔감으로만 보는 국민성을 개탄했다. 원산과 진남포 등 지방관리 시절(1899~1903) 한때 울창한 숲이었던 산을 바라보며 많은 일기를 남긴다. "한때 울창한 숲이었던 민둥산을 보니 슬픔이 엄습한다. 하느님은 조선처럼 아름답게 창조하신 작품을 계속 지옥으로 바꾸고 있는 사람들 손에 그 땅을 그리 오래도록 맡겨 놓지는 않을 것이다(1899.3.5 원산)." 그리고 꽃에 대한 일본인과 조선 사람의 각기 다른 태도를 일기에 남기기도 했다. "일본인과 조선 사람은 각기 다른 이유로 최악의 적이다. 일본인은 꽃을 열렬히 좋아하기 때문에 조금도 망설이지 않고 정원과 언덕의 꽃들을 모두 뽑아 간다. 한편 조선 사람은 꽃에 전혀 관심이 없다. 나무꾼들은 꽃과 관목을 뿌리째 뽑아 밥 짓는 땔감으로 사용한다. 하느님이 아름답게 만드셨지만, 인간이 더럽힌 이 땅에서, 여성과 꽃은 사랑받지 못한 채 이름 없이 피어나고 힘들게 일하다가 죽어갈 뿐이다(1899.12.31 원산)."

"진남포 사람들이 나무를 가꾸지 않아 산은 헐벗었다. 비발도(比鈸島)는 작은 섬이다. 놀라운 사실은 이 섬의 소나무를 베는 사람은 죽는다는 속설 때문에 그나마 보존되고 있다. 우람한 나무나 향기로운 꽃이 평범한 조선 사람 눈에는 땔감으로만 보인다. 나는 아름다운 참나리, 활짝 핀 철쭉, 계곡의 백합이 가난한 밥상을 준비하는 나무꾼의 장작단 속에 있는 것을 자주 목격하였다(1901.5.5 진남포)."

그리고 나무를 살리고 꽃을 가꾸고 싶은 그의 의지를 일기에 남긴다. "이곳이 우리 집이라면 지금 심은 나무들을 더 멋지고 행복하게 해주고, 애써 일하는 기쁨도 느낄 텐데. 하지만 내가 지금 심는 나무들은 다음 감리 손에 잘려 나갈지도 모른다(1902.3.31 원산)." "명적사(明寂寺)에 갔다. 유교가 완전히 실패했으나, 불교가 조선에 이바지한 것은 바로 이것이다. 나무와 꽃의 가치를 무시하고 오직 땔감으로만 여긴 유교의 폐단보다는, 자연파괴 행위로부터 아름다운 강산을 보존한 불교의 공로가 크다(1902.4.24 원산)." "만약 나에게 주위에 언덕, 바위, 나무가 있는 장소가 있다면 아주 매력적인 곳으로 만들어 놓겠다. 지금 이 아름다운 계곡엔 빨래하는 여자들, 굶주려 반쯤 죽어가는 개들, 무분별한 벌목꾼들이 경관을 훼손하고 있다(1902.5.1 원산)." "송도 집 하인들이 나무를 땔감으로만 여기고 잘 가꾸지 않는다. 나무를 사랑하지 못하면 독립할 자격이 없다(1920.3.12 송도)."

물지 못하겠거든 짖지도 마라

 '물지 못하겠거든 짖지도 마라(1929.12.12)'라는 말은 학생들의 동맹휴학이나 백성들의 무력시위가 있을 때마다 좌옹이 꺼낸 말이다. 피해를 보는 것은 학생들과 백성뿐이지 일본 경찰들은 겁도 내지 않는다고 생각한 좌옹이었다.

 3.1 운동이 일어나고 그 다음 날의 일기를 보자. "학생들의 소요는 조선에서의 무단통치를 연장시켜 줄 뿐이다." 그리고 1932년 윤봉길 의사의 폭탄투척으로 인해 안창호가 영어의 몸이 되었을 때도 좌옹은 윤봉길 의사의 무력시위를 비

난했고 안창호를 향해선 "윤봉길 사건에 연루되는 몰지각한 사람이 아니었기를 바란다(1932.4.30)"고 날카로운 말을 던졌다. 이런 대중 영합과는 먼 시각으로 인해 좌옹은 주위 인사들로부터 나약자, 비겁자, 비애국자로 비난을 받았고 또 친일파로 몰리는 원인도 제공하는 꼴이 됐다. 오늘날에는 정치가 대중 영합 일색이니 오늘 좌옹이 그런 말을 했다면 그 비난은 원색적이었을 것이다.

호전성

좌옹은 유럽 제국주의자들의 호전성을 목격하고 일본의 청일, 러일 전쟁을 겪으면서 조선의 문관 우월주의와 무관 천시의 관습을 개탄했다. 그러면서 "호전성은 개인은 물론 국가적인 위대함의 토대다(1925.4.9)"라고 호전성을 항상 강조했다. 조선 시대 병조판서들이 모두 문관이었다는 사실에 나타나듯이 무관들의 설 땅이 없었다. 장교들은 봉급이 없었다. 임오군란의 원인도 장병들에게 모래 섞인 보리쌀을 제공했기 때문이 아닌가. 임진란 때도 격전지의 지휘관은 이순신 장군을 제외하곤 다 문관이었던 것 같다. "조선인의 투혼 곧 군인정신을 파괴해 조선을 침략자들의 제물이 되게 한 원인은 바로 조선왕조의 죄과(1928.8.6)"라고 좌옹은 판단했다.

임진란의 처절한 참상을 겪은 류성룡은 겨레의 비극 방지를 위해 눈물 속에 『징비록』을 썼다. 하지만 나는 이 책이 한국에서 출판되지 못하고 일본에서 먼저 출간됐다는 사실에 놀라움을 금할 수 없다. 조선에 태어난 류성룡은 "평화를 원한다면 전쟁을 준비하라(Si vis pacem, para bellum)!"고 외친 고대 로마 전략가 베게티우스(AD 4세기)가 아니었을까?

좌옹의 호전성 예찬은 여러 곳에서 나타난다. "어느 민족이나 국가도 전쟁을 통하지 않고는 진보할 수 없다. 호전적인 민족이나 국가가 끝까지 생존한다(1919.1.31)." "평화는 이상이고 전쟁은 현실이다. 이상을 위해 현실을 희생시키는 민족에겐 재앙이 따를 뿐이다(1923.10.8)." "진화론이든 성경 말씀이던 전쟁을 겪으며 발전해 왔다. 선악의 문제가 아니라 투지가 없는 개인이나 민족은 살아남지 못했다(1924.6.7)." "일본과 러시아는 그들의 위대성을 검에 의존했다. 검을 숭배하는 나라는 그들의 역사를 피로 쓰지만, 펜을 숭배하는 나라는 눈물로 쓴다. 어느 쪽이 좋은가(1934.2.14)?" 하지만, "일본은 피에 굶주린 호전적인 민족이다(1920.11.3)"라고 일본을 비방하기도 했다. "일본은 늘 싸우면서 발전해 왔다. 조선은 500년 동안 전제 정치에 복종하느라 투쟁 정신이 뿌리 뽑혔다(1920.7.20)." 1933년 2월 4일의 일기를 보자. "일본은 적어도 1500년 동안 봉건영주 밑에서 철저한 상명하복(上命下服)의 군인정신으로 일사불란한 호전성을 익혀왔다."

좌옹의 호전성 예찬론을 읽으면 언젠가 본 박정희 대통령의 휘호 '천하수안 망전필위(天下雖安 忘戰必危)', 즉 세상이 아무리 편안해도 전쟁을 잊고 지내면 반드시 위태로워진다는 말이 생각난다. 제나라 명장 '사마양저'의 위 문구는 좌옹도 당연히 알고 있었을 터. "어느 민족이나 정의와 인간성을 지키기 위해선 싸울 능력이 있어야 한다(1919. 6.1)"고 믿은 좌옹이었다.

"조선은 지금 같은 체제로는 개화의 희망이 안 보인다. 조선은 500년 동안 한 것이 없다(1894.10.8)." 하지만 좌옹은 조선독립의 희망의 끈을 놓지는 않았다. 오랜 시간 합스부르크 제국의 지배하에서 사대주의와 노예근성과 미신에 찌든 체코 민족이 철학자이며 정치가인 토마시 마사리크의 공로로 1918년 드디어 독립한 것을 보고 희망을 품었다. 그의 일기 1919년 12월 20일 자에는 "체코는 지적으로 준비하고 있었기 때문에 국제정세를 이용해 독립할 수 있었다."라고 적었고, 1920년 11월 14일에는 "체코가 독립한 것은 오스트리아가 세계대전에서 패하기도 했지만, 체코 민족이 정신적, 물질적, 도덕적으로 준비했기 때문이다"라면서 "조선도 전통주권 국가와 동등한 문화 경제 여건을 갖췄는가(1920.12.4)"라고 반문하고 있다.

현실주의자

　좌옹은 언제나 철저한 현실주의자였다. 그는 같은 길을 가는 가까운 동료 선후배라도 자기가 옳을 땐 굽힘이 없었다. 신흥우, 송진우 등이 찾아와 파리 강화회의에 가서 조선독립을 탄원해 달라고 했을 때다. "내가 거기 가봐야 조선은 한마디 발언할 기회조차 없을 것이라며 타일러 보냈다(1919.1.17/18)." 같은 문제를 가지고 이번엔 최남선이 찾아왔다. "합방은 국제조약 형식을 취했으니 유럽 열강이 조선 문제에 개입하지 않을 것이다"라고 하면서 다시 거절했다. "우리는 아직 자주독립할 준비가 안 돼 있으니 약소 국이 강대국에 끼어 살아가려면 마찰을 회피해야 한다."같은 맥락에서 미국교포들이 조선독립을 도와달라는 탄원서를 Wilson 대통령에게 제출했을 때다. "바보 같은 이들이군, 영국이 인도를, 프랑스가 월남을, 미국이 하와이를 포기하겠는가? 일본에 조선을 포기하라고 할 강대국이 있을까?" 그리고 "선물로 받은 독립은 오래 지탱할 수가 없다 (1918.12.19)." 이렇게 그는 감성보다 이성에 매달렸고 불필요한 소요는 탄압의 구실만 제공해 준다고 믿어 동료 사이에 불만을 일으켰다.

좌옹은 "조선 사람은 10%의 이성과 90%의 감성으로 이루어졌다(1919.1.23)"고 말하면서 매사에 감성적인 조선인의 성향을 나무랐다. 이렇게까지 단호하게 친구들의 요청을 내리칠 수 있다니! 나는 좌옹에게서 지그문트 프로이트의 기백을 본다. 지그문트 프로이트(1856~1939)는 자신이 생각하고 있는 것을 언제나 확실하게 표현하고 진리에 관한한 타협을 몰랐다. 그러고 보니 좌옹과 프로이트의 수염이 닮았다. 좌옹의 미국유학 시절 자기가 미국에서 가장 부러워하는 것 중의 하나는 남자다운 수염과 콧수염이라고 한 적이 있다 (1891.4.18). 식민지 시절 갓을 쓰지 않은 지식인 사회 지도자로 턱수염과 콧수염을 함께 길렀던 사람은 드물었을 것이다.

학창시절 나는 한때 사상계를 끼고 살았다. 당연히 장준하와 함석헌 두 분을 우러러보게 되었다. 기적 같은 일이 생겼다. 함석헌 선생님(1901~1989)이 Quaker 교도 대회에 참석차 Atlanta에 오셔서 우리 집에 머무르신 것이다. 함 선생님이 서거하시기 7년 전의 일이다. 그 무렵 한국에서는 박정희 대통령과 대립하던 장준하 선생의 의문사 규명 문제로 시끄러웠다. 당연히 우리의 주제는 장준하의 의문사여서 윤치호에 관한 이야기는 꺼낼 생각도 못해 내가 지금도 아쉬워하고 있다. 잠을 자고 나서 아침을 먹어야 하는데 선생님은 저녁 한 끼만 자시는 분이니 난처했다. 이불을 개고 계신 선생님을 향해 "선생님 어쩌지요. 우리는 하루 세 끼를 먹는데요"라고 웃으며 여쭈니, "김 선생 괜찮아요. 여행 중엔 내가 묵는 집의 습관을 따라야지요"하시는 게 아닌가. 그래서 나는 선생님과 겸상을 하는 영광을 가졌다. 선생님이 좋아하시는 도덕경 16장의 설명도 들었고 또 '바보 새'라고 서명해 주신 그의 휘호도 받았다. 또 장준하 선생의 사인(死因)은 자살이 아니었다고 말씀하셔서 나를 놀라게 했다. 장선생이 사망 며칠 전에 선생님을 찾아와 자기는 지금 생명의 위협을 느낀다며 아들 둘을 부탁했다는 것이다. 그는 광복 운동으로 외국을 떠돌아 학교 교육을 잘못시킨 자식들이라 부끄럽다고 하셨단다. 장준하 선생을 떠올릴 때마다 나는 1987년 오산 80년사 서문에서 오산학교 동창회장으로 함석헌 선생님이 쓰신 다음과 같은 말씀이 생각난다. "만주에 가서 독립군이 된다든지 임시정부를 조직해서 싸울 기회를 기다린다든지 하는 것도 물론 할 수 있는 일이지만 오늘에 와서 지나온 길을 돌이켜보며 생각 할 때 갖은 고통을 겪으면서도 나라 안에 남아 있어 교육을 통해 정신운동을 한 것이 크게 공헌한 것임을 알 수 있다". 국내에 남아 친일파로 몰린 분도 적지 않지만, 교육에 헌신한 윤치호 등의 얼굴들이 뇌리를 스친다.

함석헌 선생님이 한국으로 돌아가 보내주신 편지들엔 안부와 함께 늘 나라 걱정을 하시면서 언젠간 좋은 세상이 올 것을 꿈꾸고 계신다고 하셨다. 그때 애틀랜타에 오신 함석헌 선생님의 사진을 꺼내 보니 허리가 반듯하신 몸매에 흰 두루마기를 입으시고 얼굴은 온통 흰 수염으로 덮여있었다. 딱 좌옹 노년의 모습이다. 좌옹이 환생하셨나? 도산 선생은 콧수염만 길렀다.

3.1 운동

3.1 운동은 천도교, 기독교, 불교, 학생, 민간인 등 교파와 계층을 초월한 비폭력 저항운동으로 민족 대연합의 정신이 이루어낸 우리 민족 모두가 자긍심을 갖게 한 혁명운동이다(지은경, 2021, 『인식의 지평』). 3·1운동의 3대 원칙인 운동의 대중화, 일원화(대동단결), 비폭력은 그 당시의 각 나라 민족운동의 요체가 되었다. 3·1 정신은 간디의 무저항 운동의 선례가 되었고 후에는 비폭력 흑인 민권 운동가 마틴 루터 킹에까지 이어졌다.

"나는 독립선언문에 서명을 거부했다. 주동자들은 3개월 이내에 독립이 이루어질 것으로 믿고 있는 듯하다(1919.2. 26)." 좌옹이 독립선언문에 서명을 거부했다는 이 대목에서 내 숨이 멎는 줄 알았다. 아니 그렇게 조국을 위해 살아온 분이 모든 국민이 자나 깨나 꿈꿔 온 독립선언을 거부하다니? 그는 극단적인 현실주의자로서 감성보다는 이성에만 의존해 행동하는 신념의 사나이라는 것을 새삼 느꼈다. 이러한 그를 냉혈한이라 부른 사람도 적지 않았을 것이다. 하지만 그는 무고한 백성들과 학생들에게 닥쳐올 수많은 인명 피해를 내다보고 있었다.

이런 냉철한 태도는 1919년 파리 강화회의 참석 여부를 두고 논란을 불러왔다. 신흥우(1919.1.17), 송진우(1919. 1.18), 최남선(1919.1.28) 등이 연달아 찾아와 "내가 파리 강화회의에 참석해서 조선독립의 당위성을 알려야 한다"고 주장할 때마다 "순진한 사람들은 파리회담에서 Wilson 대통령의 호의로 조선독립이 이루어질 것으로 믿고 있지만 나는 아니라고 생각한다(1919.3.17)." "왜냐하면 1). 조선 문제가 거론되지 않을 것이다. 2). 합방은 국제조약 형식을 취했고 3). 유럽의 어느 나라도 일본과의 마찰을 원치 않는다. 4). 약한 민족이 살아가려면 강대국의 호감을 사야 한다. 5). 일본을 무력으로 내쫓지 못할 것이고 6). 현재 우리가 자주독립을 유지할 수 없기 때문이다(1919.1.29/1919.2.26)." 이렇듯 좌옹은 여러 친구의 호소에도 자기 생각을 굽히지 않았다. "독립운동가들은 독립만을 무모하게 선동 하는데 겨울에 씨를 뿌리고 잘 자라게 해달라거나 손가락을 불 속에 넣고 화상을 입지 않게 해달라고 기도하는 격이다. 만세를 부르기만 하면 미국 대통령이 독립을 보장해 준다고 믿게 하고 있다 (1919.4.22 서울)." 파리에서는 좌옹의 예견대로 조선 청원서는 결국 기각되었다(1919.5.26).

가정사

　어렸을 때 우리의 우상이던 구한말 우국지사들의 개인적인 생활의 단편들도 일기는 보여준다. 갑신정변 때의 일이다. 역적의 부인이라는 수모를 피하려 서재필의 부인이 자결했다. 그런데 "서 박사는 부인의 묘소를 한번도 찾지 않고 또 장인을 냉대했다(1898.1.15)." 서재필 박사는 일본을 거쳐 미국으로 유학하여 의사가 되었지만 국내에서는 역적의 가족으로 몰려 부·모·형·아내는 음독자살하였고, 동생 재창은 참형 되었으며 아들은 보살핌을 받지 못해 굶어 죽었다.

"이승만 박사는 수감 생활 중 자기를 돌봐 준 아내를 버렸다고 홍병선이 비난했다(1917.5.13)." "요즘 YMCA의 재정 상황이 말이 아니다. 그런데도 이상재는 자기는 나오지 않고 월급은 꼬박꼬박 챙겨간다(1919.3.26)."

역사를 상세히 알고 나면 우울해진다는 말이 있다. 우리가 알고 있는 큰 별들도 가정의 사생활엔 많은 비밀이 숨어있나 보다.

애국가 작사

윤치호가 애국가 작사자라는 증거는 1904년까지 거슬러 올라간다. 김을한에 의하면 1904년 영국 극동함대가 제물포에 입항하며 양국의 국가를 연주하겠다 하니 당황한 고종황제가 '머리가 영특한' 윤치호 외부협판을 불러 급히 애국가 작사를 지시했다. 이때 그가 지어 Auld Lang Syne 곡에 부쳐 부른 4절까지의 애국가가 오늘의 애국가의 원형이 되었다 (김을한 1978 『좌옹 윤치호 전』). 이에 대해서는 윤치호 일기에 언급되지는 않았고 다른 문헌상의 근거도 찾을 수 없다.

애국가의 작사자라고 추정되어온 사람은 여러 명 있었지만 결국 안창호냐 윤치호냐의 대결로 좁혀졌고 아직 작사자 미상으로 남아 있다. 그 결정적인 계기는 1955년 국사 편찬위원회 주최 애국가 작사자 규명위원회에서 흥사단의 핵심 인물인 주요한(1900-1979)이 안창호가 작사자라고 주장했기 때문이다. 결국, 서북파의 좌장 안창호와 기호파인 윤치호와의 편 가르기의 기(氣) 싸움이 애국가 작사의 규명을 두고도 일어났다. 당시 위원장인 최남선 씨는 고심 끝에 윤치호를 놓고 표결에 부친 결과 찬성 11표, 반대 또는 기권 2표로 만장일치가 아닌 점을 고려해 작사 미상으로 남겨 두었다.

최남선은 역사학자, 독립운동가, 3.1 독립선언서 작성자, 시인, 그리고 대표적인 개화기의 문화운동가로 우리가 다 알고 있다. 그러나 좌옹과 다음과 같은 악연이 있었던 것은 뼈아픈 일이다. "최남선이 시대일보를 창간하려 한다. 자본금 40만엔 중 자기지분 3만 엔을 나보고 내달란다(1923.10. 13)." "최남선의 요청을 받고 걱정이 태산이다(1923.10.14)." "오늘 3만엔을 지원할 수 없다고 통보했다(1923.10.17)." "최남선은 학자이지 사업가는 아니다. 시대일보가 실패할 것이 뻔하다. 나라면 차라리 훨씬 더 유익한 교육사업에 그 돈을 쓰겠다(1923.11.4)." 그리고 8개월 후 좌옹의 일기엔 (1924.7.6) 기반 없이 창간한 시대일보사가 결국 남에게 넘겨진 사실을 적고 있다.

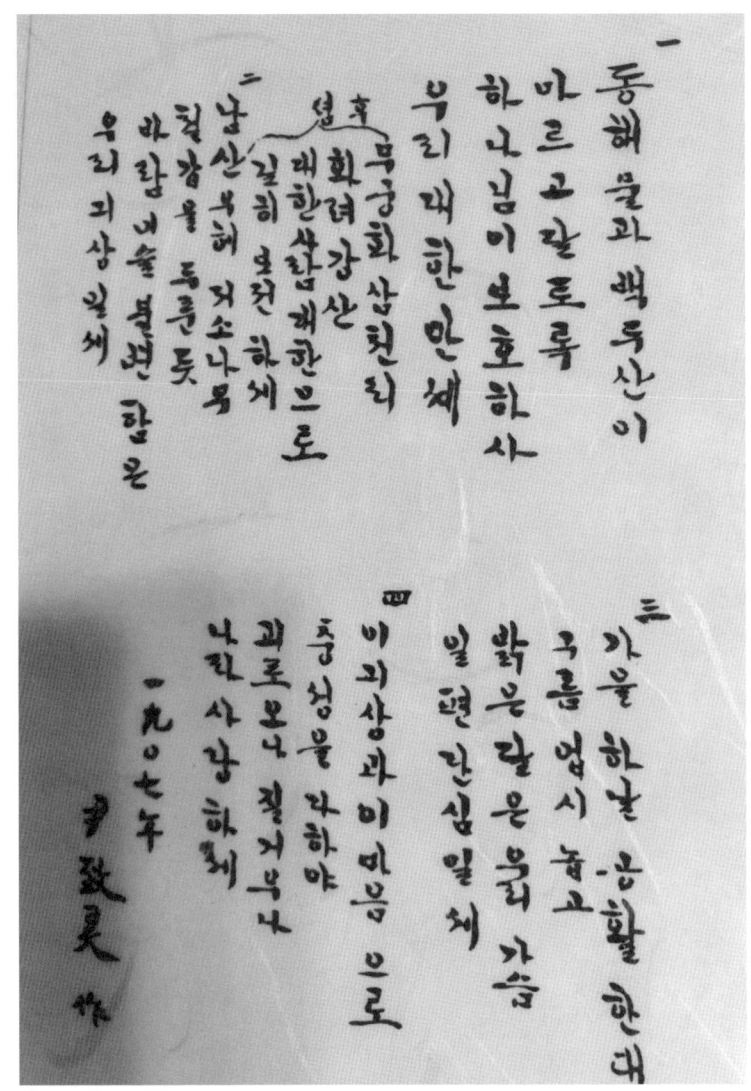

좌옹이 1945년 작고하기 얼마 전 그의 셋째 딸 문희와 사위 정광현의 요청으로 붓글씨로 써 주면서 1907년 작이라고 밝힘. 현재 Emory대학교에 보관 중인 애국가 친필은 딸 문희와 사위 정광현의 아들인 정태웅 씨와 정태진 박사가 기증한 것이다.

나의 옛날 문리대 시절 "철학 개요"를 가르쳐 주시던 안병욱 선생은 소크라테스가 주제든 아리스토텔레스가 주제든 언제나 안창호 선생의 일화를 들려주셨다. 젊은 나는 자연스레 도산 안창호 선생에게 경도되었고 자주 선생에 관한 책을 접하며 그의 애국혼에 존경을 금할 수 없었다. 흥사단의 전통을 이어온 안병욱 선생도 애국가의 작사자가 안창호 선생이라고 말씀하지는 않았다. 그리고 안창호와 박용만이 발행한 1910년 9월 21일 자 신한민보에 오늘날의 애국가인 국민가를 "윤티호"(당시 통용되던 윤치호의 이름) 작이라고 밝히고 있는 것으로 보아 애국가의 작사자가 윤치호라는 것은 의심의 여지가 없어 보인다. 그러던 중 연세대 명예교수인 김동길 박사가 김활란에게서 들은 이야기를 알려주었다. 개성에 은둔하고 있는 좌옹을 찾아간 제자 김활란에게 좌옹이 당부했단다. "애국가를 내가 지었다고 말하지 말아요. 내가 지은 줄 알면 나를 친일파로 모는 사람들이 애국가를 부르지 않겠다고 할지 모르니." 이것보다 더 확실한 증언이 있을까?

　다른 여러 증거 자료들도 책 한 권의 분량은 되지만 결정적인 증거는 지금 Emory 대학교에 소장된 윤치호 친필 애국가 가사다. 1945년 좌옹이 작고하기 얼마 전 그의 셋째 따님 문희와 사위 정광현의 요청으로 붓글씨로 써 주면서 1907년 작이라고 밝혔다. Emory 대학교에 보관 중인 애국가 친필은 딸 문희와 사위 정광현의 아들인 정태웅 씨와 정태진 박사가 기증한 것이다.

정태웅 씨와 정태진 박사 형제가 1997년 4월 12일 Emory 대학교를 방문하여 윤치호의 친필 애국가 가사와 함께 윤치호 연구장학금 $ 10,000을 Dr. William Chase 총장에게 기부했다. 친필 애국가 가사는 애국가 가사 작가가 윤치호로 밝혀지면 즉시 한국으로 돌려주기로 약속을 받았다.

이화여자중학교 교사였던 음악평론가 박은용은 1948년 10월 7일 자 동아일보에 윤치호 작사설을 제기했다. 반면 경기 아트센터 이사장 임진택은 오늘날까지도 박은용이 월북한 좌파이기 때문에 그의 말은 믿을 수 없다고 하고 또 김구 선생이 애국가 작사자는 일명(佚名)이라고 여러 번 작사자를 숨겨온 점을 들어 윤치호를 작사자로 인정할 수 없다고 하면서 안창호를 계속 작사자라고 주장하고 있다. 더욱이 임진택은 안익태가 친일파이며 Hitler 옹호파라 애국가 작곡자임도 부인하고 있다.

또 최근에는 탁사 최병헌의 증손자인 최우익이 애국가의 작사자는 윤치호가 아닌 탁사라고 주장하고 나섰다. 좌옹과 탁사는 독립협회, 배재학당, 협성회, YMCA 등에서 서재필,

이상재 등과 더불어 국민계몽에 앞장섰다. 특히 탁사는 아펜젤러 선교사 후임으로 정동교회를 이끌었고 좌옹도 정동교회에 참석했다.

　최우익의 주장은 다음과 같다. 당시 정동교회 목사관에서 보이는 남산의 숲이 철갑을 두른 듯 보여져 독립을 갈구하고 애국하는 마음 역시 변하지 말자는 취지로 '불변가'라는 이름의 시 4절을 지었는데 이 '불변가'가 현재의 애국가 본문 4절이 되었다는 것이다. 현재까지 이 '불변가'가 발표된 역사적 사료도 발견되지 않았고, 탁사가 애국가를 작사 했다는 물증도 없다. 1988년에 김병섭 장로는 윤치호의 사촌인 윤치영으로부터 애국가 본문은 최병헌 목사의 작품이라고 증언했다고 최우익은 부언하고 있다.

유머

 좌옹이 책 『우순소리』를 쓴 것을 보면 유머가 많은 사람처럼 보이지만 그의 턱수염에 가려진 엄숙한 얼굴은 유머를 모르는 사람처럼 보이게 한다. 하지만 그의 일기 곳곳에 나를 웃음 짓게 하는 이야기가 많다. 좌옹이 러시아 황제 대관식에 참석차 모스크바로 가는 길에 뉴욕에 들러 Waldorf Hotel에 묵은 적이 있다. 월도프 호텔은 당시 뉴욕에서 가장 화려한 호텔이었다. 식당에 들어갔는데 우연인지 고의였는지 웨이터가 늦장을 부렸나 보다. 좌옹의 말을 들어보자. "뉴욕은 웨이터들을 빼곤 모두 바쁘다. 사람이 굶게 되는 두

가지 이유가 있다. 하나는 아무것도 먹을 것이 없어서이고, 또 한가지 이유는 최신형 호텔에 묵고 있는 사람의 경우이다 (1896.5.9)."

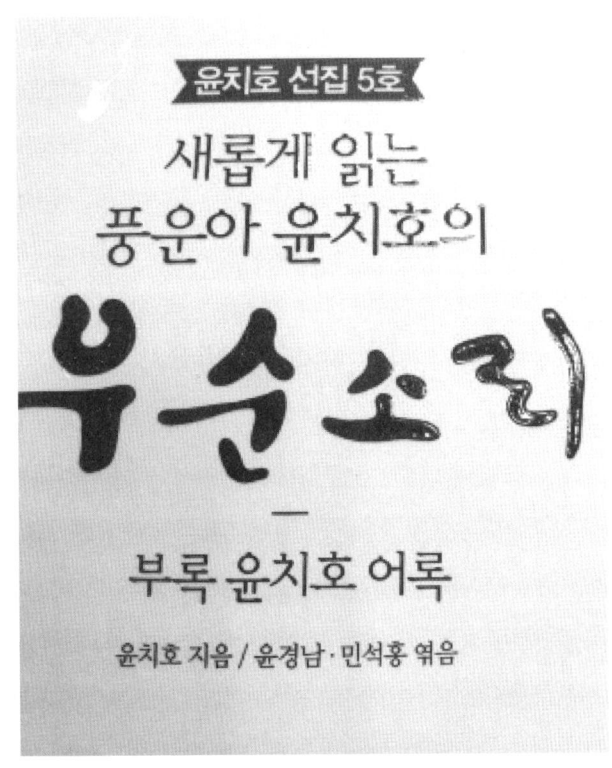

재미있는 에피소드 하나 더 소개한다. 1892년 2월 17일 Atlanta 시내 Luckie Street의 한 교회에서 좌옹이 강연을 했다. 당시는 중국 사람을 멸시하는 풍조가 만연했고 좌옹자신은 중국인으로 오해받아 여관에서 쫓겨난 적도 있었다. 좌옹의 강연 끝에 한 백인 여성이 일어나서 "당신은 Atlanta에 중국인이 몇 명이나 살고 있는지 아느냐?"라고 물었다. 좌옹은 답변하기를 "모릅니다. 그러나 당신이 원하는 그것보다는 더 많습니다"라고 대답해 청중을 웃겼다. 백인 우월주의에 대한 좌옹의 속마음을 표출할 절호의 기회였다.

이 교회는 1980년대에 애틀랜타 한국학교가 빌려 사용하던 고색창연한 교회다. 우리 2세들에게 모국어와 한국문화를 가르치려 토요일마다 나와 아내가 드나들던 곳인데 1996년 Atlanta 올림픽 때 공원으로 바뀌어 지금은 흔적도 없이 사라졌다.

독서, 출판

　좌옹이 밴더빌트와 에머리대학교에 유학하던 시절엔 학교수업, 선교활동, 강연 등 눈코 뜰 새 없이 바빴다. 1892년 여름방학 3개월간 Georgia주 57곳에서 강연을 했고 1893년 여름방학 3개월간엔 Carolina, Virginia주 62곳에서 강연을 했다. 이 강연들은 주로 교회에서 이루어졌고 YMCA에서의 강연과 정기적으로 교도소에서 열린 주일예배를 포함한다. 그 와중에도 좌옹은 고전 문학은 물론 수많은 역사 책을 읽었다.

3.1 운동으로 나라가 피멍이 들던 1919년은 팔도 전체가 먹구름에 쌓여 있었다. 일본에 대처하는 조선의 각료들, 분주히 돌아가는 주변국의 공사들, 선교사들, 학생들의 소요, 파리강화 회의를 향한 민족지도자들의 긴박한 움직임 속에 모두가 불안해 한시도 편안한 날이 없었다. 이 와중에도 좌옹은 책을 놓지 않고 나라의 갈 길을 모색했다. 1919년 한 해의 독서목록을 간추려보니 제라드의 『황제와의 대면』, 매컬리의 『후레드릭 황제』, 영국의 아일랜드 통치에 관한 책 등 주로 역사책이었다.

 그는 넉넉한 양반의 자식이었지만 미국유학 시절 생활비를 벌기 위해 스스로 아르바이트를 했다. 그러니 언제 책을 읽을 시간이 있었나 싶다. 나는 그가 귀국 시 Candler 총장에게서 $230(현시가로 $96,000)을 그냥 받은 것으로 알고 있었는데 사실은 아르바이트로 벌어 총장에게 맡겨놓았던 돈이었다. 한국에서 선교사업과 학교를 세우기 위해 준비 했던 자금이었다.

 1892년 11월 23일 일기엔 큰 도서관의 책을 다 읽기보다는 몇 가지 선택한 책을 잘 소화하는 사람이 되겠다고 적고 있다. 하지만 1896년 러시아 황제 대관식 사절단으로 러시아 방문 중에도 귀국 전 파리를 찾았을 때도 또 상해로 돌아오는 선상에서도 그는 책을 읽었다. 그의 일기를 읽는 내내 몇 장 넘길 때마다 그가 무슨 무슨 책을 읽었다는 글이 나온다. 오늘은 톨스토이의 『전쟁과 평화』, 오늘은 『몽테크리스토 백작』, 오늘은 『지킬 박사와 하이드』, 또 오늘은 타운센드의 『아시아와 유럽』, 그뿐인가 한시(漢詩)를 자주 짓고 영역도 했다.

그가 한글로 먼저 시를 쓰고 나중에 영어로 번역해 놓은 시 한 수가 참 마음에 든다(1896.11.9). 왜 서재필이 그를 계관 시인이라 부르는지 알 것 같다.

언덕에 흐르는 은실 개천은 바다를 찾아가고
들판의 고운 꽃은 봄을 찾아가는데
내 생각은 온통 그대만을 찾아가네

좌옹 자신의 영역은 다음과 같다.

As the silver stream by hillside runs to the sea
As the smiling flowers of field seek the spring
So my thoughts turn only to thee

위의 시는 당시 파리에 머물던 한 독일 여성에게 써 주었지만 나는 여기에 나오는 'Thee'는 상해에 두고 자나 깨나 그리던 좌옹의 아내 마수진이었다고 생각이 든다. 멀리 상해에서 딸 Laura와 함께 있는 부인 마수진에게 편지를 부치고 난 후 파리에서 그가 남긴 멋진 말이 있다. "날이 저물 때는 그림자가 길어진다. 사람의 나이가 많으면 그의 회상은 멀리 뻗어 나간다(1896.9.12)." 혹 오늘 노년의 나를 두고 한 말 같기도 하다.

흔히들 식민통치기 3대 천재로 문학의 선구자 최남선(1890~1957), 이광수(1892~1950), 홍명희(1888~1968) 세 분을 꼽는다. 좌옹은 이들 모두보다 20여 년 전에 태어나 5개 국어를 익히고 멋진 英詩도 썼으니 위의 3대 천재 보다 뒤지지 않을 것 같다. 좌옹은 漢詩도 자주 지었다. 詩想이 때론 한글로, 때론 영어로 그리고 때론 한문으로 자유자재로 떠오르다니! 시인인 나는 미국에 반평생을 살았어도 영어론 시상이 좀처럼 떠오르지 않으니 부끄러울 뿐이다.

좌옹은 조선 사람은 10%의 이성과 90%의 감성으로 이루어졌다(1919.1.23)고 비난 섞인 말로 조선 백성의 국민성을 자주 비난했고 자신은 철저히 이성적 판단으로 시국과 가정사에 대처했다. 겉으로만 보면 그는 감성이 전혀 없는 사람처럼 보인다. 그런데 풍부한 감성 없이 어떻게 아름다운 시상이 한글로, 영어로, 한문으로 떠오르나? 누구는 감성(pathos)에 치우치고 누구는 이성(logos)에 치우치는게 당연한 일인데 좌옹의 몸속엔 Pathos와 Logos를 왕래 하는 교차로가 장치되었던 것일까?

1917년 그가 YMCA 총무 시절 만주 시찰단에 끼어 요동 지방을 둘러보고 남긴 漢詩 몇 수를 읽어보자.

滿洲所感

遙東地勢潤 요동의 지세는 비옥하나
直北春心遲 봄은 북쪽이라 더디 오네
帝國萬年業 만년을 이어온 제국의 위업은
風雲正此時 바로 지금 풍운을 만났네!

- 윤치호 1917년 4월 17일

며칠 후 대련을 떠나 여순에 온 그는 표충비가 있는 언덕에 핀 두견화를 보고 시상이 떠올랐다.

昔年忠血赤 옛날 충혈이 붉던 곳에
今日野花紅 오늘날 들꽃 만발했네

海碧山依舊 바다는 푸르고 산은 의구한데
旭旗鎭極東 극동에 일장기가 펄럭이고 있네

- 윤치호 1917년 4월 21일

귀국길에서도 압록강을 건너며 멋진 시를 남긴다.

風塵一萬里 바람 먼지 만 리에 가득한데
花柳三春詩 꽃과 버들 우거진 봄 시가 절로 나오네
高麗山河色 우리나라 산하의 절경을
古今不盡詩 예나 지금이나 어찌 다 시로 표현하랴?

- 윤치호 1917년 4월 29일

1923년 4월 1일 송도 날씨는 쌀쌀하고 소나기도 오고 변덕스러운 봄 날씨였다. 아래의 중국의 漢詩가 그날의 날씨를 잘 표현한다고 생각하며 일기에 적고 있다.

九十日春晴景少 90일 동안의 봄은 맑은 날이 몇 안 되고
一千年事亂時多 천년을 두고 세상은 어지럽기만 하구나

사실 1923년 한 해 동안 좌옹은 많이 힘들었다. 아래의 일기들에서 그의 불편한 심기가 잘 드러난다. "YMCA가 지난해에 7,000엔 적자를 냈다. 인기 얻는 법을 아는 신흥우

가 중학과정을 다시 열어서 엄청난 부채를 안겨줬다(1923. 1.2)." "독립운동가들이 돈을 갈취하고, 대낮에 권총 든 도적들이 부잣집을 털어간다(1923.1.4)." "근화 학원의 차(김) 미리사 선생에 의하면 서울의 청소년들의 90%는 볼세비키가 되었다. 청년들이 사회주의의 미명 아래 다른 사람에 의지해서 살기를 바라고 있다(1923.3.4)." 차미리사 선생은 윤치호의 후원을 받고 좌옹의 실무교육에 감화를 받아 근화 학교를 설립하고 농업, 목축, 건축, 사무 회계를 가르치며 여성 실무교육에 헌신한 몇 안 되는 여성 교육계의 큰 별이었다. 후에 덕성여중고와 덕성여대를 창설하지만, 총독부의 박해로 덕성학원 재단 이사장직을 좌옹에게 넘기고 자리에서 물러났다. 그는 감리교에서 천주교로 개종하며 기독교교육에 일생을 바쳤으며, 사망 후 건국훈장 애족장을 받았다.

좌옹의 일기는 계속된다. "어제와 오늘 9명의 손님이 찾아왔는데 모두 돈을 달라고 했다. 윤왕선은 미국 가는 여비를, 김필수 목사는 5,000엔을 꿔달라고 한다(1923.5.7)."

1895년 학부협판(문교부 차관) 시절에도 틈을 내 프랑스 신부에게 불어 공부를 했다(1895.8.16). 이렇듯 공부와 독서 외에도 시를 쓰며(1894.1.21) 잠시라도 시간을 헛되이 보내지 않았다. 스승과 동료들의 요청으로 써준 번역문도 부지기수다. 영어를 일본어로, 영어를 한국어로, 일어를 영어로, 한문을 영어로 등 주위 사람들의 요청을 수시로 받아 주었다. 무신론자인 니체의 『우상의 황혼』도 읽고 철저하게 기독교를 비판한 책이라고 독후감을 남겼다(1918.11.28).

좌옹이 관직을 벗어버리고 저술 활동에만 집중하고픈 열망은 그가 1896년 러시아 황제 대관식에 참석하는 러시아 여행 중의 일기에서 잘 드러난다. 특히 여행 도중 민영환의 독선적인 행동과 수행원들의 치기 어린 행동들이 마음의 상처를 크게 안겨 주었기 때문인 것 같다. "아무래도 나는 조정의 공직을 사직하고 내 사생활에 더 충실해야 할 것 같다. 내 조국의 번영에 유익한 문학과 저술 활동에 헌신하고 싶다(1896.6.4. 모스크바)." 귀국길에 파리에서 쓴 일기에도 "내게 꼭 필요한 것은 조선에서 사랑하는 내 아버님, 어머님, 아내와 아이들에 둘러싸여 지내는 조용하고 안락한 가정을 갖는 일이다. 그곳에서 오직 내가 믿는 것들과 내가 느끼는 것들만 읽고, 쓰고 하리라(1896.10.1 파리)"고 적고 있다.

좌옹의 창작 활동은 그가 애국가를 작사한 1907년부터 4~5년간이 가장 활발했다. 『걸리버 여행기』를 1908년에 번역 출판했고, 1911년까지 『우순소리』, 『유학자취(幼學字聚)』, 『영어문법첩경』을 펴냈다. 『우순소리』는 이솝 우화를 본딴 71

편의 동물 이야기로 고종황제, 일본, 조선중신들 그리고 조선인을 풍자한 책이다. 1908년에 출판되고 이듬해 1909년에 일제 통감부에 의해 금서로 지정되었다. 그중에 특히 제12화가 직설적으로 항일정서를 부추겼기 때문이다. 하지만 1910년에 3편이 더해져 하와이에서 다시 출판된다. 1910년 5월 『우순소리』를 다시 간행할 때 당시 하와이 권업신문의 광고가 흥미롭다. 권당 25전인데 한 번에 2다즌 이상을 구입하면 안중근 의사의 사진 한 장을 무료로 증정하겠다고 선전하고 있었다.

『유학자취(幼學字聚)』는 아이들 교육을 위한 한문 공부의 기초 학습지로 천자문을 본떠 '천고지원(天高地圓)', 하늘은 높고 땅은 둥글다, '주명야암(晝明夜暗)', 낮은 밝고 밤은 어둡다 등 그만의 독특한 방법으로 4자성어식의 과학적 상식을 내포한 1,200개의 한자를 모아 놓은 책이다. 1909년 초판이 나왔지만 『우순소리』가 금서로 조치됐듯이 『유학자취』도 발간된 지 4년 후인 1913년에 치안위반으로 금서처분을 받았다. 책의 마지막 페이지에 '대한제국 독립만세(大韓帝國 獨立萬世)'가 들어 있었기 때문이다. 『영어문법첩경』은 영어 공부를 위한 아마도 한국 최초의 영어 입문서로 보인다. 이런 저서들에서 좌옹이 얼마나 국민교육에 특히 아동교육에 헌신했는지를 읽을 수 있다. 그리고 『우순소리』, 『유학자취』 등의 금서 조치는 좌옹의 항일정신을 반증해주고 있지 않은가?

보통 사람은 일생 한 권의 책을 출판하기도 어려운데 좌옹은 5년 동안에 5~6권의 책을 출판하는 초인적인 능력을 보여주었다. 그때 그의 나이 43세~48세였다. 당시 대성학교 교장으로 신교육운동에 바쁠 때였고 잇따라 미국 애틀랜타와 영국 에든버러에서 열리는 국제기독교 선교대회에 참석하여 국제적 선교활동을 펼치는 중이었다. 만일 그가 정치활동이나 선교활동에서 물러났다면 얼마나 많은 저술을 남겼을까? 도대체 잠은 하루에 몇 시간이나 잤을까?

좌옹이 러시아 여행 중 민영환과 함께한 4~5개월 동안엔 말 못 할 많은 어려움을 겪었다. 러시아 황제 대관식 참석의 주목적은 우선 일본에서 빌린 300만 불 상당의 차관을 획득하는 일이었다. 물론 차관획득에 실패한(1896.6.5) 좌절감 외에 민영환의 전형적인 조선 양반의 자기 위주의 성품이 좌옹을 힘들게 했다(1896.4.11/1896.5.2). 정치에 실망감을 느낀 그는 민영환과 헤어져 3개월여 불어 공부를 위해 혼자 파리에 머물렀다.

윤치호는 러시아 여행 중에도 틈틈이 책을 읽었다. 특히 톨스토이의 『전쟁과 평화』는 더 열심히 읽었는데 새벽 1시 또는 1시 반까지 읽었다(1896.7.11/1896.8.3). 모스크바에서 황제 대관식이 거행될 때 톨스토이는 자기의 고향 농지에서 새로운 작품 구상을 위해 모스크바에 오지 않았다. 좌옹과의 대면이 이루어지지 않아 너무나 아쉽다.

그가 독서와 창작 활동을 얼마나 갈망했는지는 1896년 10월 1일의 일기에 잘 나타나 있다. "내게 꼭 필요한 것은 조선에서 사랑하는 내 아버님, 어머님, 아내와 아이들에 둘러싸여 지내는 조용하고 안락한 가정을 갖는 일이다. 그 집안에는 책들로 꽉 찬 서재, 갖가지 아름다운 정원, 시끄럽지 않고 아담한 뜰, 다양하면서 천박하지 않은 귀한 벗들이 찾아 주는 곳, 그곳에서 나는 즐겁게 글을 쓰고 읽으며 지낼 것이다. 오직 내가 믿는 것들과 느끼는 것들만 읽고 쓰리라(1896.10.1)." 만일 좌옹의 바람대로 그가 창작 활동에만 전념할 수 있었다면 수많은 저술을 후세에 남겼으리라. 좌옹은 공적인 지위에 있는 사람으로서 군주와 신하 사이 그리고 공직 동료 사이의 신뢰가 무너지자 소시민적 삶을 동경하게 되었던 것으로 보인다.

좌옹은, 또, 한글의 우수성을 일찍부터 감지하고 모든 사람이 쉽고 편리하게 읽고 쓸 수 있도록 비합리적이고 복잡한 철자법을 폐지해 보려고 힘썼다. 그는 한글이 살아있든 죽어있든 누구도 진지하게 마음 쓰지 않는 것을 개탄했다. 그래서 박승빈, 최남선, 이각종, 백남규 등의 친구들을 만찬에 초대해 복잡한 철자법의 개선 방안을 모색했다. 최남선을 지목해 다음 달 다시 모일 때까지 개선 방책을 세워 오라고 부탁했다(1933.12.23). 한글 철자법 간소화에 대한 좌옹의 집념은 계속 이어진다. 한글 간소화 실행위원 15명이 모여 복잡한 철자법을 없앨 것을 투표로 결정하고 공개적 진술서를 통과시켰다(1934.7.2). 1934년 12월 10일에는 26명이 모여 대중에게 가장 적합한 철자법 체계를 세울 위원을 지명하자고 제안해 채택을 이루어냈다. 이듬해 1935년에도 YMCA 회관에서 한글 철자법 개정 공청회를 열었고(1935.3.20), 같은 해 YMCA 회관에서 한글 철자법 학술대회를 열었다(1935.12.5).

좌옹은 그가 일기를 매일 썼던 것처럼 편지도 언제 어디서나 틈만 나면 썼다. 부모님, 아내 등 가족은 물론 친구들, 선교사들에게 늘 안부를 물었고 특히 그의 평생 은사인 상해 중서 서원 설립자 Young Allen(1836~1907)에게는 인생의 고비마다 수많은 자문을 구했다. 또 Warren Candler(1857~1941) Emory대학교 총장과는 1891년 선생과 학생으로 처음 만나 평생 사제간의 돈독한 친분을 맺으며 좌옹의 한영서원 설립, 송도의 기독교 이상촌 설립 등 경제적으로도 큰 도움을 받았다.

  1907년 10월 13일 좌옹은 밤나무 숲으로 둘러싸인 송도의 약 70에이커의 땅을 둘러보며 마을 사람들을 위한 복지사업을 위해 이 땅을 사고 싶어 Warren 박사에게 편지를 보낸다. "겨울 동안 토지를 사두지 않으면 물가가 올라 구매하기 힘들게 될 것입니다. 준비되셨을 때 전보로 'get'이라고 써 보내시면 땅을 사라는 지시로 알겠습니다." Candler박사가 땅을 구매하라고 윤치호에게 보낸 1906년 11월 26일 자 편지가 있다. 이 편지는 2021년 12월 Emory대학교 도서관에서 발견되기까지 세상에 알려지지 않았었다. 편지가 딸 문희를 통해 Emory 도서관에 기증됐기 때문이었다. 편지의 내용은 좌옹을 한껏 기쁘게 하는 내용이었다.

My Dear Yun,

Atlanta, GA. Nov. 26th, 1906

I am just home and find the $5,000 for Songdo already secured with more to follow. I believe we will get $10,000 by Spring. The people believe you are seeking to do God's work and they are going to stand by you. Do not doubt that. Keep close to God, I trust Him and trust His Church. You will thus do a Luther or Wesley's work for Korea.

Wife, Mrs. Curtright and all send you much love. Mrs. Candler is charmed by the present sent her by your mother.

I send you a letter just received which gives me joy and may cheer you. God bless you.

Yours affectionately,

W.A. Candler(signature)

(번역하면)

친애하는 윤,

지금 막 집에 도착해 송도를 위한 $5,000과 더 많은 돈이 확보되어 있음을 알았네. 내년 봄까지는 $10,000이 더 모일 것이네. 여기 사람들은 자네가 하나님의 일을 추구하고 있음을 믿네. 우리는 자네를 계속 도울 걸세. 그걸 의심하진 말게. 하나님께 가까이 다가가게. 나는 하나님을 믿고 하나님의 교회를 믿네. 그러니 Luther나 Wesley의 일을 한국에서 해주기를 바라네.

내 아내와 Curtright 부인, 그리고 우리 모두의 사랑을 담아 이 편지를 보내네. Mrs. Candler는 자네 모친이 보내 준 선물에 감격하고 있네.

나는 방금 받은 편지를 보내네. 나에게 기쁨을 준 그 편지가 자네에게 힘이 되기를 바라네. 하나님의 축복이 임하기를.

W.A. Candler 씀

```
Songdo already secured with more to follow. I believe
we will get $10,000 by Spring. The people believe you
are seeking to do God's work and they are going to stand
by you. Do not doubt that. Keep close to God, trust Him,
and trust His church. You will thus do a Luther or Wesley's
work for Korea.
    Wife, Mrs. Curtright and all send you much love. Mrs. Candle
is charmed by the present sent her by your mother.
    I send you a letter just received which gives me
joy and may cheer you. God bless you.
                                    Yours affectionately,
                                    W. A. Candle
```

[도표] 시대별 1 Dollar의 가치 (Naver Blog)

1900년대	50만 원
1910년대	20만 원
1920년대	10만 원
1930년대	5만 원
1940년대	3만 원
1950년대	2만 원
1960년대	1.5만 원
1970년대	1.2만 원
1980년대	8천 원
1990년대	5천 원
2000년대	3천 원
2010년대	1천 5백 원

Candler 박사의 도움으로 윤치호는 땅을 사고 교회를 짓고 기독교 이상촌을 건설하는 꿈을 이룬다. 그리고 후에 그의 큰아들 윤영선(1896~1988)을 1914년에 미국에 유학시켜 1922년 오하이오 주립대학 축산과를 졸업하게 한다. 그가 유학을 마치고 돌아와 아버지를 도와 농촌 사업에 뛰어들며, 후에는 농림부 장관이 되어 지주로부터 농지를 수매하고 그 토지를 '스스로 농사를 짓는 사람만이 농지를 소유할 수 있다'는 경자유전(耕者有田)의 원칙에 따라 농민 소작인에게 분배한다. 농수산물 증산을 성공시키고 미국의 잉여 농수산물을 유치해 빈민과 아사자들을 구제하고 그 공로로 국민훈장 모란장을 수여 받기도 한다. 농림부 장관을 물러나고는 4H Club, 서울로타리 클럽, Boy Scout, 대한적십자사 등 다양한 사회봉사활동과 아버지가 몸담아 일하던 YMCA와 송도학원을 책임지는 이사장 등을 역임하기도 했다.

의료

　나는 의사의 관점에서 좌옹의 생애 당시의 의료 수준은 어느 정도였는지 많이 궁금했다. 하지만 일기 어디에도 당시의 의료 수준을 추정해 줄 사례는 보이지 않고 다음과 같은 엉뚱한 이야기만 나온다. "콜레라가 의주와 진남포를 통해 들어왔다. 백성들은 소독과 청결보다는 침과 쑥뜸으로 치료하거나 운명에 맡긴다(1902.9.1)." "황태자비가 병사했다. 60여 명의 의사가 불려갔어도 여자 환자를 진맥조차 할 수 없게 한 어리석은 관습이 황태자비를 죽인 것이다."
　이와 비슷한 현상이 1966년 내가 공군군의관으로 있던 경

상북도 호미곶에 있었다. 그곳은 무의촌이었으므로 의료시설이 없었다. 당시 콜레라가 돌아 여러 주민이 고통을 받았는데 사람들은 환자의 옷을 벗겨 이웃집 담 넘어로 던지는 것이 아닌가? 그래야 병이 옆집으로 도망가 환자가 회복된다는 것이다. 병이 옆집으로 옮겨가는 것은 맞지만 그렇다고 환자 자신이 병에서 회복될까?

좌옹은 "관립병원에 비해서 선교사가 설립한 병원에 시설이 부실하다(1921.4.1)"라고 적고 있는데 그 말이 맞는 것 같다. 제중원 같은 관립병원도 선교사이며 의사인 Allen이 고종과 왕실의 지원을 받아 시작했으니 처음엔 의료 수준이 선교사가 설립한 사립병원과 별다를 것이 없었겠지만 조정의 지원을 받는 관립병원이 양적으로나 질적으로 급속히 발전했을 것이다. 하지만 정부에서 운영하는 제중원도 고종이 년 5천 달러를 지원키로 약속받고 장로교 선교부가 책임지고 시작했지만, 이 약속이 처음에는 거의 지켜지지 않았다(1895.2.13).

"송도 아이비 병원의 조선 의사 3명이 리드 박사에게 불만이 많다. 리드 병원장은 조선인을 강압적으로 다룬다. 그리고 환자 치료비를 철저히 받아내고 있다(1922.7.1)." "그리고 아이비 병원 간호사들도 불친절하다(1922.7.3)."

좌옹은 선교사들의 병원이 기독교 정신에 의해 좀 더 친절하고 자비롭기를 바라고 있었나 보다.

흥미롭게도 종두 백신으로 유명한 지석영(1855~1935)의 이야기도 나온다. "지석영은 종두 백신을 들여온 의사이며 국문학자다. 그는 조선어 사전도 간행했다(1920.5.12)." 지석영이 조선어 사전을 간행한 사실은 나는 전혀 모르고 있었다. 그는 독학으로 의학을 배우고 후엔 의학교를 설립해 후배 양성에도 힘써 한국 현대 의학의 초석을 놓은 분이다.

좌옹 일기 전반에 걸쳐 남의 약점을 지적한 곳은 많지만 남을 후하게 칭찬하는 경우는 별로 보이지 않는다. 그가 드물게 칭찬한 인물이 두 사람인데 한 사람은 지석영이고 또 다른 한 사람은 인촌 김성수(1891~1955) 선생이다. "김성수는 이미 100만 엔 이상을 중앙고보와 보성전문에 기부했다. 새로 후원금 27만 엔도 모았다고 한다. 훌륭한 업적이다(1935.3.19)"라고 하며 인촌을 높이 평가했다.

체육

　나는 반평생 마라톤을 달려왔다. 도산 선생이 늘 지덕체(智德體)가 아닌 덕체지를 내세워 지식보다는 건강한 몸이 더 중요함을 강조했기 때문이다. 손기정 남승룡 서윤복 최윤칠 등 마라톤의 대선배들이 자랑스러웠다. 달리기에 푹 빠진 나는 마라톤으로 건강을 유지하는 데 힘썼다. 1950년 보스턴 마라톤 대회에서 우승한 함기용 선배와는 가끔 소주잔도 기울이는 각별한 인연도 생겼다.

　좌옹이 조선체육회 제8대, 9대 회장으로 있던 1928년에서 1937년까지 조선의 체육 발전에 특히 마라톤 발전에 어떤 이바지를 했는지 관심이 컸다. 좌옹 자신은 건강을 지키기 위해 무엇을 하였는지도 궁금했다. 그는 자전거를 미국에서 들여와 국내 보급에 앞장섰고 자신이 제일 먼저 서울거리를 자전거로 달렸다(1897.12.13/1898.1.22). 우마차만 지나다녔을 종로 거리를 자전거를 타고 달리는 그의 모습이 시민들에게 어떻게 보였을까? 당시 주위에선 그가 자전거 타는 것을 양반의 체면을 손상시킨다고 욕했다고 쓰고 있다(1929.3.12). 조선 최초의 전국 자전거 대회를 열어 자전거왕 엄복동을 발굴해 냈고 조선체육회 창립 10주년 기념행사로 전 조선 경기대회를 서울 운동장에서 연 것도 그였다. 이는 오늘날 전국체육제전의 시발점이 되었다.

1931년 11월 14일 일기에 "18세의 김은배 군이 조선 육상대회에서 2시간 26분 12초로 세계신기록을 달성했으나 주목받지 못했다"라고 안타까워했고, "미국이나 영국 선수였다면 세상이 떠날 듯이 대서특필했을 것이다."라고 썼다. 1932년 6월 2일 일기엔 "권태하와 김은배가 도쿄마라톤대회에서 1등과 2등을 하고 돌아왔다. 그래서 그들을 백합원으로 초대했다." 이렇듯 좌옹은 체육회 회장으로서 Sports에 남다른 관심을 가졌다. 며칠 후엔 "일본 선수들을 이긴 권태하를 일본 형사들이 집단 구타한 사례(1932.6.15)"도 일기는 말해준다. 일본 선수를 이긴 권태하가 얼마나 미웠으면 그랬을까? 좌옹은 끝내 1932년 LA 올림픽에 권태하, 김은배 선수를 마라톤에 출전시켰다.

1936년 베를린 올림픽엔 일본 선수들을 제압하고 국내 예선을 통과한 손기정, 남승룡을 마라톤 경기에 보낸다. 손기정 선수는 당시 마라톤 최고 기록인 2시간 29분 19초로 우승하고 남승룡은 3위를 하여 조선 남아의 기개를 세상에 알린 사실은 세계가 다 아는 바다. 그해 10월 8일 손기정 남승룡 두 선수는 여의도 공항에 도착한다. 공항엔 환영인파를 막는 형사와 순사들이 깔려있었다. 손기정 선수의 일장기 말살사건에 대한 조치였다. 물론 환영식도 없었고 조선 총독의 다음과 같은 아전인수 격인 담화문만이 알려진다. "손기정 남승룡 두 선수는 우리 반도의 자랑이다. 조선 반도에는 이같이 우수한 청년이 많이 있다. 이것은 일본을 위해 참으로 기쁜 일이다."

희망도 꿈도 좌절된 암울한 시대에 손기정의 빛난 승리는 온 청년들에게 아니 온 국민에게 큰 감격을 주었다. 장한 두 젊은 청년들을 축하해 줄 환영식이 없어진 조선체육회 회장 윤치호의 심정은 어떠했을까? 기쁨과 슬픔으로 참을 수 없었을 좌옹의 심정이 1936년의 일기가 없어 전해지지 않아 안타깝다.

하지만 윤치호의 심정을 엿볼 수는 있다. 조선체육회가 손기정 남승룡 마라톤 제패 기념체육관을 건립하기 위해 모금운동을 벌였다. 그러나 이 모금 운동조차 조선총독부에 의해 중단되고 말았다. 일본이 얼마나 손기정을 미워했는지 역력히 보여주는 일화가 또 있다. 1940년 8월 9일에 좌옹이 시공관에서 관람한 1936년 베를린 올림픽 기록 영화에 마라톤에서 우승한 손기정, 3등을 한 남승룡은 나오지 않았다.

일장기말살사건은 동아일보에 그치지 않았다. 당시 잡지 "신가정"의 주간이던 수주 변영로(1898~1961)는 '세계를 이긴 다리'라는 제목의 기사에서 손 선수의 사진을 일장기가 보이지 않는 하반신만 실었다. 가슴에 붙은 일장기를 지워버린 동아일보처럼 일장기 말살이 아니었다고 주장해 폐간을 교묘히 막았다.

수주는 영어에 재능이 뛰어나 일찍이 영시를 직접 썼으며, 최초로 3.1 독립선언서를 그의 형 변영태와 함께 영역해 세계에 알린 분이다. 수주가 해방 정국에서 친구들에게 한 뼈대 있는 말이 전해진다(변영로. 1977. 명정 40년). "해외에 있다가 조선으로 돌아온 사람은 3, 40년간 독립운동을 안해 본 사람이 없다더라"라고. 망명하지 않고 국내에 남아 나라를 지킨 그의 비애가 느껴진다. 좌옹은 YMCA에서 강연하던 수주(1917.2.6)를 특별히 아꼈고 미국 출장의 여비도 지원했다(1923.5.14).

나는 영어에 능했던 수주 선생과 좌옹을 한자리에 모셔 그들의 영어 실력을 겨뤄보게 하고 싶다. 한번 앉은 자리에서 양주 2~3병을 해치우는 수주 선생이지만 좌옹은 세례 받은 전후부터 술을 완전히 끊었으니(1887.2.27) 내 주머니 걱정은 크게 안 해도 되겠다.

가족

　좌옹은 아이들의 이름을 영어로도 지어주었다. 주로 선교사의 이름이나 은사의 이름을 따랐다. 19세기 조선의 전통 유교 사회에서 극히 드문 일이다. 그는 세 번 결혼했고 두 번째 부인, 마수진을 극진히 사랑했다. 중국 상해와 조선에 서로 떨어져 살 때도 많았고 외국에 나갈 때도 늘 홀로 다녔는데 늘 부인을 그리워했고 편지로 연락하며 인편에 안부를 묻곤 했다. "화가가 되어 부인을 모델로 초상화를 그리고 싶다(1897.1.1)"라고 했고 부인의 사후엔 천상의 그녀에게 편지로 그리움을 달래곤 했다. 그럼에도 싸움 없는 부부가 없듯이 그들의 다투는 장면도 일기에 나타난다. "아내가 머리핀을 사겠다고 60불을 달란다." 성경에 사치하는 것은 죄라고 했더니 아내가 화를 내면서 "100불을 달라고 했더라면 지옥에 가겠네(1898.12.28)!"라며 토라졌다는 것이다.

좌옹이 조선 독립을 열망하며 교육사업으로 그 때를 준비했듯이 자신의 자식 교육열도 높았다. 장남 영선을 오하이오 주립대학 농과대학에 유학시켰고 넷째 아들 기선은 고등학교 때부터 음악에 뛰어나 일본을 거쳐 쥴리아드 음대, 예일 음대를 거쳐 미국 대학들에서 교편을 잡기도 했고 한국에 돌아와서는 후학 양성을 위해 많은 공헌을 했다. 그의 둘째 딸 용희도 밴더빌트대학에 보냈다. 그러나 서양문물을 접한 그도 유교 사회의 남아 선호 사상에 젖어 아내가 딸 명희를 낳았을 때는 실망했다고 적고 있다(1918.2.8). 하지만 둘째 딸 용희는 미국에 유학까지 시켰고, 선교학교인 배화 중학교에 다니던 셋째 딸 문희는 교육환경이 더 좋은 경기여중으로 전학도 시켰다(1919.1.7). 좌옹은 미국을 싫어했다. 백인들이 노골적으로 인종차별을 하기 때문이다(1905.10.3). 그래서 작은딸 용희가 미국에서 살기를 원했을 때는 우려를 표하기도 했다.

내가 일기를 읽다가 웃음을 터트린 대목 중의 하나는 그가 68세 때인 1933년 4월 16일에 쓴 일기다. "아내가 7~8년 만에 광화문 종교교회의 부활절 예배에 참석했다."라고 적고 있다. 특이하게 이날의 일기는 아주 짧다. 왜 그동안 교회에 안 나왔는지 설명도 없다. 그날 일기의 전문은 다음과 같다. "16th Sunday, Bright, Rather cold. Seoul home. The Easter Sunday today, wife attended the 宗僑 church, the first time in 7 or 8 years". 아내가 육아와 집안일로 바빠서 그랬는지 모르지만, 좌옹은 남 감리교회를 조선에 들여온 장본인이고 일생 기독교 선교사업에 몸담아온 분인데 자기 부인도 제대로 전도를 못 했다는 게 믿기지 않는다. 그리고 이 셋째 부인 매려와는 늘 티격태격했고 불평이 많았다. 공부를 싫어하고 책을 읽지 않는다고 비난도 했다. 악처와 사는 사람은 철학자가 된다는 소크라테스의 말을 인용해 "나는 세상에서 가장 뛰어난 철학자"라고 적어 놓고 있으니 말이다(1941.8.11). Emory대학 도서관에는 부인 매려의 친필 서신이 몇 장 남아 있다. 딸 문희에게 쓴 편지들이다. 한결같이 수려한 필치의 한글이 나를 감탄케 한다. 좌옹은 그녀의 사후엔 "16세의 어린 나이에 나와 결혼해 38년이나 같이 살면서 3남 5녀를 낳은 아내를 사랑했다(1943.4.26)"고 적고 있다. 그리고 매려를 회상하며 쓴 1943년 4월 26일의 일기엔 매려의 바느질과 요리 솜씨는 타의 추

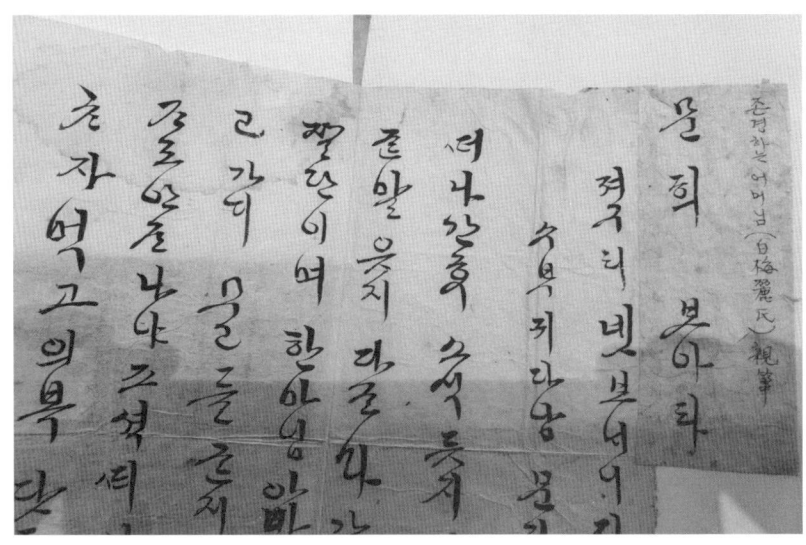

부인 매려가 딸 문희에게 보낸 친필 편지

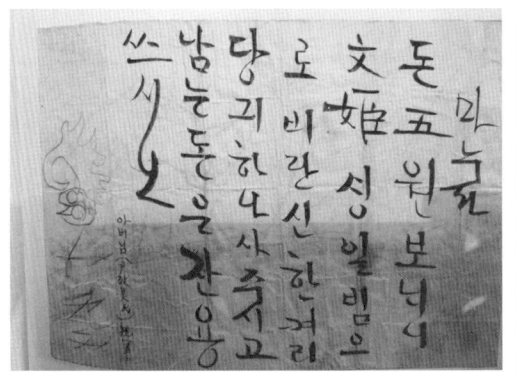

좌옹의 엽서. 부인(매려)에게 보낸 것.

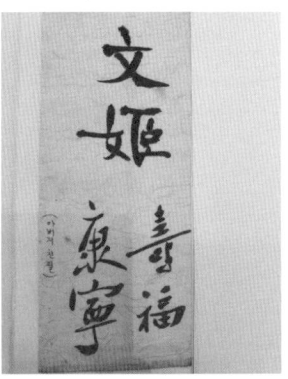

좌옹의 친필. 딸 문희에게

미국으로 떠나며 부인에게 보낸 엽서

종을 불허하고 특히 꽃에 대한 열정은 누구보다 더 해 만일 그녀가 지팡이를 땅에 꽂아도 꽃이 피어나겠다고 했다. 그러면서 언젠가는 히틀러, 카를 마르크스, 스탈린도 없고 전쟁도 없는 영원한 평화의 세계에서 만날 수 있기를 바란다고 했다.

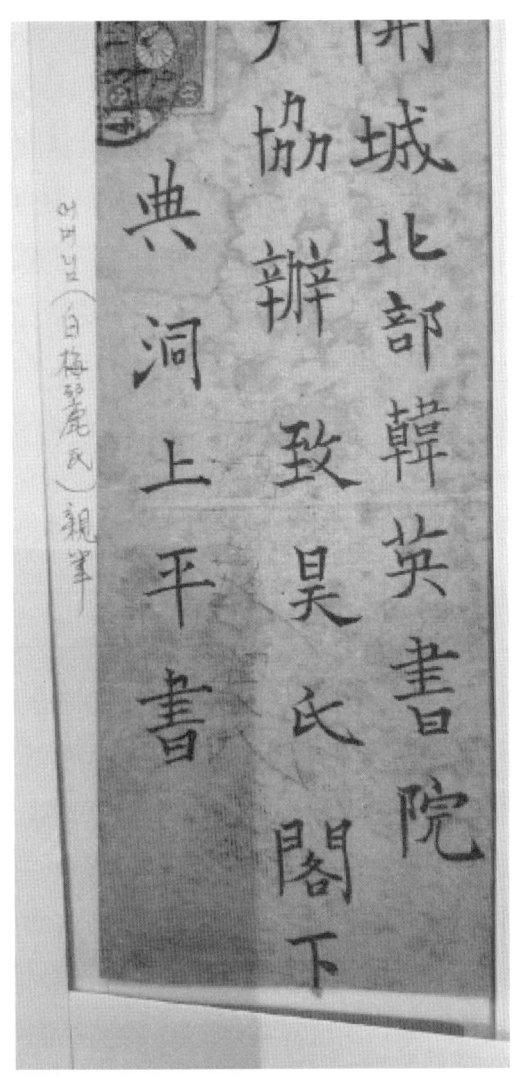

좌옹의 부인 백매려가 딸 문희에게 보낸 편지의 봉투. '어머님의 친필'이라 적어서 보관해 유려한 필체를 감상할 수 있게 됐다.

좌옹은 조혼풍습이 조선을 좀먹는 폐습 중의 하나라고 했지만(1920.3.14) 자신은 40세의 중년의 나이에 16세의 어린 여자와 결혼을 했고, 그의 아버지가 12세의 동생 치왕을 결혼시키는 것을 막지 못했다(1906.6.15). 어쨌든 좌옹은 세 번 결혼해 13명의 자녀를 생산했으니 대단한 정력가였음엔 틀림이 없다.

좌옹이 얼마나 아버지를 무서워했는지 그리고 자식들에게 얼마나 엄격했는지를 말해주는 일기가 있다(1939.6.17). 사위(딸 Grace의 남편)의 형 정창섭이 공제회 자금을 횡령한 혐의로 기소 되었을 때다. 사위 정봉섭이 은행에서 돈을 빌리는 데 좌옹에게 보증을 서 달라고 요구했다. "나는 아버지의 유언대로 남에게 절대 보증은 못 선다"라며 사위의 요구를 한마디로 거절했다. "나는 딸에게 얼마나 큰 상처를 주었을까?"라고 후회했지만, 딸은 며칠 후 집을 나가 버렸다.

좌옹은 아버님(윤웅렬)과 함께 조정에 근무하면서 아버님의 행보를 가까이서 지켜볼 기회도 있었다. "아버님은 내장원의 수장이지만, 이용익처럼 감히 황제의 심기를 상하게 하지는 않으려고 하기 때문에 악법폐지를 못하신다.

우리 아버님은 대신들 중에서는 비교적 공정하고 정직한 표본일 뿐이다. 어떤 개혁을 기대해도 아무 소용이 없다 (1904.4.9 서울)."

종교

　좌옹은 완전한 사람은 도덕을 갖춘 종교인, 또는 종교에 의해서 도덕적으로 보완한 사람이라고 생각했고(1923. 1.4), 인간의 본성은 선하기보다는 사악하고 배은망덕하지만, 주님의 은총으로 선해진다고 믿었다(1924.2.6). 자신은 감리교 신자로 금주 금연은 물론 독실한 신자로서의 신실한 삶을 살려고 노력했다. 한편 선교 교육사업에 평생토록 헌신했다. 그리고 미국에서도 하지 못하던 남 감리교회와 북 감리교회를 통합했다(1930.11.18). 1894년과 1897년 사이에 네번이나 한국을 방문해 오랫동안 머물렀던 여행

작가 Isabella Bishop도 "서울에 들어서면 눈에 가장 잘 띄는 건물은 천주교 성당과 미국의 감리교회 건물이다"라고 말했다. 좌옹의 노력이 현실로 드러난 대목이리라. "나는 시가 1,000~1,500불인 나의 정동 집을 남 감리교 선교부에 기증했다(1899.3.2)"라는 일기도 보인다. 그렇게 독실한 기독교 교인이지만 다른 종교에도 많은 관심을 보인다. 아프리카인은 주술을, 지운영(화가, 지석영 씨의 형)씨는 관세음보살을, 천주교인은 성모상을 숭배하는 것을 보며 "인간이 자연의 힘과 섭리 앞에서 자신의 무력함을 깨닫는 것은 모두 같다(1920.9.4)"고 피력 했다.

그러면서도 유독 천도교만은 좋은 눈으로 보지 않았다. "천도교 사람들은 사람이 하늘 또는 신이라고 하는데(인내천人乃天), 우리 인간이 하나님을 만들다니 우습지 않은가(1923.10.1)"라고 했다. 천도 교당을 궁궐보다 으리으리하게 신축한 것을 보곤 "신도들이 희생의 대가로 무엇을 얻었을까(1921.1.14)"라고 빈정댔다. 그리고 "칼을 숭배하는 일본의 신도(神道)는 종교인가(1925.10.14)" 묻고 있다. "신도는 충성심을 숭배한다. 공산주의자를 저지하지만, 조선인에게 신도를 강요하는 것은 섣부른 짓이다(1935.7.19)"라고 적었다. "일본 성직자가 일본 천황을 살아있는 유일신이라고 해서 놀랐다. 조선 사람과 기독교 인들은 일본 천황의 존엄성을 인정하지 않는다(1924.2.1).”

1939년

　나는 1939년에 태어났다. 어려서 집이 가난했다. 어머니가 석탄을 손수레에 싣고 동네 언덕길을 오르내리는 것을 보았다. 아버지는 유복자로 홀어머니를 모시고 살았고 초등학교를 졸업 하자마자 일자리를 찾아 나섰다. 좌옹은 1939년을 어떻게 보냈는지 그리고 당시 조선 백성들은 어떠한 삶을 살았는지 궁금해 1939년의 일기를 자세히 훑어보았다.

　역시 백성 대부분은 배고픔에 지쳐있었다. 차근차근 일기를 읽어보자. "난방용 석탄 구하기가 어렵다. 총독부가 금

붙이를 팔아서 내라고 하고 여자들이 가보로 물려받은 귀한 패물까지 내놓고 있다(1939.3.21)." "가뭄 피해가 심하다. 남부지방에서 올라온 빈민들이 한강 다리 밑에 살고 있는데 비참하다. 어려운 농촌에서 보리를 공출한다(1939. 8.5)." "올해도 가뭄으로 걱정이다(1939.8.7)." "삼남 지방이 대흉작인데 의연금을 강제로 징수하고 국채를 강매한다(1939.9.3)." "석탄 기름 시멘트 등 생필품이 없다(1939.11.28)." "신문 보도엔 총독부가 쌀 600만 석을 일본으로 수출하려고 한다. 500만 명의 1년분 식량이다(1939.12.8)." 12월 13일에는 쌀에 대한 정정 보도가 나왔다. "600만 석이 아니라 150만 석이라고." 어느 게 사실인지 정말 궁금해진다.

지주 집안인 좌옹과 그의 대가족은 경제적으로 어떤 상황이었는지 좀 더 살펴보았다. 좌옹은 말한다. "우리 집만 해도 난방용 석탄을 구하는 데 큰 어려움을 겪고 있다(3월 21일)." "조선에서 한 세기 만에 찾아온 최악의 가뭄이다(8월 19일)." "남부지역에 극심한 가뭄으로 충청남도 땅 소유자 중에서 우리 집안이 가장 심한 타격을 입었다. 그러니 내년 소득은 전혀 없다. 그런데도 각종 성금 목록이 무자비하게 쌓여간다(9월 3일)." "큰아들 Allen의 계산으론 내년에 쓸 돈을 맞추려면 적어도 10만 엔이 있어야 한단다. 금액 전부를 여러 은행에서 연 이자 6.5%로 빌려야 한다. 그렇게 막대한 빚을 진다는 생각만으로도 겁이 난다. 중국 전쟁은 끝날 기미가 안 보이고 쌀도 석탄도 떨어졌다(11월 26일)."

나는 좌옹의 1939년 일기에서 이상한 것 하나를 발견했다. 일 년 내내 독서에 관한 언급이 없다는 점이다. 물론 그는 엄청나게 바쁜 생활을 해야 했다. 74세의 노구로 더군다나 고혈압, 신장병, 당뇨증세로 병원에 드나드는 아내도 챙겨야 했다. 대부분 총독부 관련 행사로 조선 신궁에 가는 일이 수십 번, 또 총독부 인사들, 일본 장군들, 신병 지원자들을 위한 경성역, 용산역 배웅과 환송, 또 이들을 위한 저녁 만찬 수십 번…….

딱 하루(12월 10일), Newsweek에 실린 Samuel Hoffenstein (시인, 시나리오 작가)의 시를 언급하고 있다. 작가가 이혼한 아내에게 바치는 시다.

When you're away, I'm restless, lonely,
Wretched, bored, dejected;

But here's the rub, my darling dear,
I feel the same when you are here.

(번역하면)

당신이 떠나 있으면 나는 외로워 안절부절못한다오,
비참하고 따분하고 낙담한다오
하지만 내 사랑 그대여, 나는
당신이 옆에 있어도 마찬가지라오.

위의 시에 충격을 받았는지 좌옹은 일기에 다음과 같이 적고 있다. "나에게는 이 시가 결코 재미로 다가오지 않는다. 나와 사는 아내 때문이다. 아내가 내 옆에 있으면 나는 쉬지도 못하고 고독하며, 비참하고 따분하고 낙담하게 된다." 다른 날의 좌옹 일기들을 보면 그는 아내 매려를 극진히 아꼈던 것도 사실이다.

한해를 마감하는 날에 쓴 일기에는 "올해는 우리 조선인들에게 비참한 한 해였다. 아니 세계 전체가 비참했다. 히틀러, 스탈린 두 악마가 유럽을 세계 2차 대전으로 몰아넣었다. 그리고 우리나라는 전례 없는 가뭄으로 힘든 한 해였다"

라고 적고 있다. 이런 딱한 얘기를 읽으며 우리 집만 가난하고 힘들었던 게 아니었음을 새삼 느꼈다. 흔히 보릿고개라고 하면 적어도 보리 수확만은 있어야 하는데 겨우내 주린 배를 안고 기다리던 보리쌀까지도 공출해 가는 시대에 살았던 불쌍한 우리 부모님들, 눈물이 흐른다.

요약

좌옹은 젊어서는 배움(기독교 신앙, 어학 공부, 독서)에 충실했고 차차 일본, 중국, 러시아 유럽 등지로부터 선진국 문물을 흡수하면서 풍부한 인문학적 교양과 확고한 세계관을 세웠다. 그는 지정학(Geopolitics)의 창시자인 독일인 Karl Haushofer(1869~1946)처럼 주변 국가와 역사에 정통해 있었고 각국 간에 이해관계를 꿰뚫어 보았다. 중국보다는 영국을, 러시아보다는 일본을 선호했으며, 조선과 일본 두 나라의 공동 이익을 위해 일본의 지도자들이 영국을 본떠 조선을 속국 아일랜드가 아닌 국가 대 국가의 스코틀랜드로 만들 것을 원했다(1943.3.1). 망명을 택하기보다는 국내에 남아 젊은이 교육을 통한 지도자의 역할을 다했다. 특히 YMCA, 이화여전, 연희전문, 송도고보(한영서원), 배재학당, 배화여고 등 여러 기독교 계통의 교육기관을 육성하는데 힘을 기울였다. 그리고 차미리사의 부탁으로 덕성여자중고등학교의 재단이사장도 맡았다.

이승만과 좌옹의 유년과 청장년 시절은 시차는 있어도 그 궤적을 같이한다. 두 사람 다 무능한 고종이 다스리는 군주제에 반기를 들었고, 선교사들에게서 세계사, 지리 등을 배우며 가르치며, 기독교에 귀의했다. 영어 등 어학 실력도 뛰어났다. 일찍이 서양문물을 흡수해 현실을 직시할 수 있었으며 외국 유학을 통해 시야를 넓히면서 중화사상에 몰입하는 대신들과는 180도 다른 길을 걸었다. 청년교육과 국민계몽의 소중함을 깨달았고 YMCA 업무를 통해 이를 실천해 나갔다. 두 사람 다 애국 애족의 신념이 같았으며 자주독립을 꿈꾸었다. 감옥살이를 겪은 것도 같다. 개혁을 꿈꿨던 이승만은 고종 황제에 의해 또 좌옹은 일본의 간계로 인해 혹독한 영어감옥의 생활을 했다.

훗날 한 사람은 망명을 택했으며 한 사람은 국내에 남기를 택한 점이 다르다. 이승만은 미국에서 눈부신 외교 활동을 펼쳐 Princeton대학 스승인 Wilson 대통령을 비롯한 미국 정부 관리들과 자유롭게 소통했으며 UN 산하 기관들과 밀접한 관계를 맺으며 끝내는 공산주의를 배제한 대한민국 설립에 지대한 공헌을 했다. 그의 UN 총회에서의 활동은 대한민국의 건국과 직결된다. 1948년 2월 19일 뉴욕의 UN 소총회에서 임병직과 임영신을 발탁함으로 로비활동을 벌여 자유 총선 선거 시행을 관철한 점, 그리고 1948년 12월 12일 제3차 파리 UN 총회에 장면을 단장으로 한 모윤숙 임영신 김활란 팀을 파견해 대한민국 한반도의 유일한 합법 정부로 UN 승인을 받아 낸 업적은 이승만 외에 누구도 따라 할 수 없었다고 생각한다. 놀라운 것은 20세기 초반 여성들이 푸대접받던 시대에 임영신, 김활란 등 걸출한 여성들이 구미에서 선진 교육을 받고 능숙한 외교 활동으로 자유대한민국 건설에 이바지한 사실이다.

좌옹은 아버지 윤웅렬이 중국 역사와 중화사상만을 가르치던 집안에서 기독교와 서양문물을 남보다 일찍 습득하고 조국에 돌아와 지도자의 길을 걸었다. 이는 대한민국에 큰 축복이 아닐 수 없다. 좌옹의 후손들도 구미에서 또는 한국에 남아 각계에서 지도자의 역할을 하는 모습을 보여준다. 좌옹의 교육열과 선견지명의 결과가 아닐까?

좌옹은 1919년 10월 30일 자의 일기에서 그의 처지에 대한 고민을 토로한다. "민영환은 자결했고 이승만은 망명했다. 일본 통치하에서 국내에 남은 사람의 처신은 어떻게 해야 하나?" 나는 그가 민영환 또는 이승만의 길을 따르지 않은 이유를 조목조목 적은 일기를 찾을 수 없다. 그저 추측만 해 볼 뿐이다. 그동안 국외 망명을 촉구하는 친구들의 충언도 여러 번 있었다(1919.10.16/1921.11.20). 그리고 그들은 국내에 남기를 택한 좌옹을 비난도 했다. 그러나 그로서는 YMCA, 한영서원(韓英書院), 연희전문, 이화전문, 배재학당 등 여러 교육기관에서의 인재양성과 선교 업무를 버릴 수 없었고, 문중을 끌어갈 장자의 책임 또한 막강했을 것이다. 대단한 것은 국내에서 교육기관을 육성하는 것에 몰두했을 뿐 아니라 수신제가에도 열성을 갖고 자식들의 교육에 힘써 장자 영선과 둘째 광선과(1917.10.21/1923.8.31) 넷째 아들 기선, 그리고 딸 용희(Helen)를 미국에 유학시켰다는 점이다. 특히 용희는 밴더빌트 대학에서 졸업시 최우수상(Phi Beta Kappa Key)을 받았다 (1924.7.29). 만일 망명을 택했다면 이들의 교육은 누가 책임질지 고민이었을 것이다. 가족을 국내에 버려두고 해외에서 독립투쟁을 벌인 많은 애국지사들의 고민과는 견줄 수 없겠지만 말이다.

또한, 국내에서 교육기관, 보육원, 나병 예방협회 등 사회

사업 자금조달의 필요도 무시할 수 없었을 것이다. 1932년 12월 4일의 일기를 들여다보자. "조선 나병협회 사업에 총독이 호의적이다. 총독이 100엔을 먼저 내고 내가 250엔을 냈다. 조선인들이 기금모금을 위해 부지런히 돌아다녀 1,278엔이나 모았다. 나는 관리들이 조선인들의 이런 노력에 주의를 기울이는 너그러움이 있으면 좋겠다." 1920년 12월 31일 일기엔 "올해 자선사업과 공익사업에 6,500엔을 냈고(현재 가치로 약 3억 2천만 원), 조선 최초의 비행사 안창남을 위해선 비행기 한 대값 40,000엔을 모금했다(1922.12.9)"고 쓰고 있다. 좌옹의 공익사업 지원은 학교, 교회, 복지기관을 아우른다. 많은 학생의 유학비 보조도 만만치 않았다. 좌옹의 1917년부터 1943년까지의 금전출납부 기록엔 자신의 일 년 수익의 약 20%를 기부한 것으로 나와 있으니 그의 노블레스 오블리주의 면모가 잘 나타 난다.

좌옹은 정당하고 꼭 필요한 기부 활동엔 적극적으로 참여했지만, 자신을 이용해 무리하게 돈을 구걸하는 무리에게는 냉담했다. "음악가 홍영후(난파)의 바이올린 구매비 250엔 요구를 거절하니 협박 편지를 보내 왔다(1921.2.6)"고 적고 있다. 사실은 이미 난파에게 유학비로 250엔을 지급했는데 추가로 바이올린을 사달라니 어이가 없었던 것이었다. 학창시절 우리 모두 난파의 노래를 좋아했는데 끝내 누가 그에게 바이올린을 사 주었을지 궁금했다. 한국예술가곡 보존회 명예회장인 정희준(필자의 고등학교 동기)은 바이올린을 홍난파의 형인 홍석후가 사 주었다고 말한다. 좌옹은 동요작사 작곡가 윤극영(1903~1988)의 학비도 지원한 기록이 있다(금전출납부 1921/1922). 좌옹은 자기가 교장으로 있던 송도고보에 기부한 내역도 일기에 적어놓았다. "송도고보 교장 3년 임기를 마쳤다. 교장 재임 중 체육관 10,200엔, 과학관, 생물관, 운동장, 관사, 도서관, 목장시설 등 22,000엔을 학교에 기부했다(1925.8.19 서울)."

좌옹은 그가 67회 생일날 쓴 일기에서 그는 잔치에 돈을 쓰기보다 그 돈으로 남을 위해 썼음을 흡족해하고 있었다. 1931년 2월 12일의 일기 전문을 옮겨본다. "목요일, 화창하고 뼛속까지 쌀쌀한 날씨다. 서울 집이다. 오늘은 음력으로 67번째 나의 생일, 친구들을 잔치에 초대하는 대신, 신당리의 빈민 유치원에 20엔을 기부했고, 지난 12개월 동안 수감생활 중인 조병옥 씨를 위해 그 부인에게 20엔을 보냈다. 작년에는 고향 마을 빈민들에게 50엔을 주었다. 나는 이런 방법이 생일을 좀 더 흡족하게 축하하는 방법임을 알게 됐다"라고 적고 있다.

좌옹은 사이비 자선단체가 난립하는 것을 경계도 했다.

"자선단체가 늘어나고 돈을 뜯어내는 경쟁이 벌어진다. 단체의 발기인 중에는 정직하지 않은 사람도 많아서, 사람들이 기부하기를 꺼리고 있다(1921.5.5 서울).""가난한 학생을 돕는 단체가 세 곳이다. 많은 사람이 고학생을 빌미로 돈벌이를 하려는 것 같다(1921.6.27 서울)." 등등.

미국에서 공부 중인 임윤상의 아들 임병직(林炳稷)에게 102.22엔(52불)을 송금했다(1918.1.12). 임병직은 독립운동가, 군인, 정치가로 고국에 돌아와 이승만 대통령을 보좌하며 외교관으로, UN 대사로 그리고 외무장관으로 눈부신 활동을 하였다. 사망 후 건국훈장 대한민국장을 추서 받고 국립현충원에 안장되어있다.

1926년 미국으로 유학 갈 때 여비 보조를 받은 영락교회 한경직 목사는 1995년 12월 6일 좌옹에게 다음과 같은 추모 글을 남겼다. "이 겨레의 더 없는 스승이신 좌옹 윤치호 박사님께서 이 땅을 떠나신 지 50돌을 맞는 감격스러운 날, 불초 한경직은 감히 추모의 글을 올립니다. 박사님께서는 구한국 시대의 개화 정치가로서 일찍이 상해와 미국 등지에 유학하여 신학문을 배우시고 1895년 초 귀국하시어 독립협회 부회장, 독립신문 사장, 대한자강회 회장을 역임하셨고, 그뿐만 아니라 교육사업에도 헌신하시어 독립정신과 자유 민권 사상

고취에 온 힘을 다 쏟으셨습니다. 저는 박사님을 통하여 나라 사랑하는 법과 이웃 사랑하는 법과 으뜸가게 살아가는 법을 배웠습니다. 일찍이 1926년 제가 숭실전문을 졸업하고 미국 엠포리아 대학에 유학을 떠날 때, 박사님께서는 제게 태평양을 건너가는 뱃삯에 보태쓰라고 그때 돈으로 100원을 주셨습니다. 이 돈이면(현재 500만 원 상당) 태평양을 건너가는데 충분한 여비였습니다. 그때 그 감사함을 생각하면 이루 말로 표현할 수 없는 감격이었습니다.

한경직 목사는 계속 이어간다. "그 후 제가 엠포리아 대학을 마치고 돌아와 그 돈을 갚아드리려 하니 나는 그 돈을 안 받을 터이니 다른 가난한 이에게 도와주라고 하시며 끝내 안 받으셨습니다. 박사님은 미국 Emory대학에 입학한 한국의 최초 유학생이었으며 제가 가장 존경하고 사랑하는 이 중에 한 분이십니다. 애국가 가사를 작사하셨고, 그 어른은 오늘을 으뜸가게 사는 법을 가르쳤습니다. 그분이 50년 전 하나님 앞으로 가실 때 목이 메었던 슬픔을 오늘 되새기면서 결코 그분의 정신은 그리스도의 사랑 안에서 길이 살아가며 동포가 하나 되어 잘 살기를 저 하늘나라에서 기원하고 계시리라 분명히 믿습니다. 경애하옵는 좌옹 선생님, 오늘을 사는 저희에게 나라가 크게 하나가 되는 길을 열 수 있는 지혜를 안겨주소서."

참으로 많은 곳에서 많은 사람이 좌옹에게 도움을 요청 했다. "상해 임시정부 재무총장 이시영이 내게 독립자금을 요청했다(1921.9.27)." "젠킨스 선생이 이승만 박사가 돈을 요청하는 편지를 가지고 왔다(1921.1.5)." "간도에 무관학교 설립 후원자금 요청(1919.5.30)" "상해 임시정부로 부터의 요구(1919.7.31)" 등 국외 망명 독립운동가의 요청이 빗발쳤다. 그밖에 만주, 상해, 북경, 미국, 일본에서 사적 공적으로 돈을 요청해온 사례가 부지기수다. 그가 이순신의 후손들을 후원한 일기도 보인다. 1931년 이순신 장군의 묘소와 장군이 살던 집, 그리고 그가 사용했던 귀중한 전쟁도구가 채권자에게 빼앗기게 되었을 때였다. 아이들 아녀자들이 모여들어 10전, 20전, 1엔, 2엔을 맡길 때 좌옹은 묘소 보존 의연금으로 264엔을 성큼 기부하기도 했다(1931.6.22). 하지만 양반들이나 부유한 상인들은 한 사람도 기금을 내지 않았다. 일본의 눈치를 보기 때문이었다.

좌옹의 "조선인은 애국심이 모든 범죄의 면죄부라도 되는 것처럼 착각한다(1920.4.29)."라는 말은 이런 강제 모금을 일컫는다. 돈 독촉에 그의 한숨 소리가 지금도 들리는 듯하다. 그의 일기 한 편을 보자. "조선왕조 때는 백성들이 임금, 왕실 세도가, 지방관리, 감사관, 군수, 도적떼, 양반을 무서워했다. 그러나 지금은 세금에, 강도들에, 임시정부의 독립자금 강요에, 자선사업가와 교회 목사들의 기부금 강요에 시달리고 있다(1921.4.2)." 당시 각계각층의 사람들이 얼마나 돈에 쪼들렸는지를 그리고 좌옹 같은 기부자가 얼마나 부족했는지를 나타낸다.

좌옹은 국내에 남아 있는 대가로 세상의 시련을 다겪었다. 홍수, 가뭄, 장질부사, 콜레라, 천연두 등 자연재해는 어쩔 수 없다고 해도 사람들이 일으키는 문제에는 치를 떨었다. 양반의 비겁함, 고종의 사리사욕, 선교사들의 이중성, 젊은 층의 볼셰비즘, 게으른 국민성, 관리들의 뇌물수수, 기독교 교파 싸움, 학생들의 교장 납치 등 이루 형언할 수 없는 일이 벌어지고 있었기 때문이다.

그중에서 좌옹을 가장 아프게 한 것은 그가 '3 EX'라고 명명한(1930.8.21) 총독부의 정책이었다. 이 세 가지 Expel, Exploit, Exclude는 한국인에게만 해당하였다. 3 EX 즉 '몰아내다' '착취하다' '제외하다'로 인해 한국인은 점점 피폐해질 수밖에 없었고, 일본인들은 수혜자로 점점 이득을 보았다. 1931년 지방의회에 행정 권한을 이양했을 때의 일이다. 좌옹의 예리한 판단이 정곡을 찌른다. "자치는 명목일 뿐 일본인의(of) 일본인에 의한(by) 일본인을 위한(for) 조치일 뿐이다(1931.4.1)"라고 적고 있다.

1941년 2월 26일의 일기는 그의 세계관을 잘 보여준다. 인류 역사의 흐름을 한 줄로 '전쟁-평화-번영-사치-유약-부패-쇠멸-전쟁'이라고 일목요연하게 표현하고 있다. 마치 제래드 다이아몬드가 인류 역사를 총·균·쇠로 역설한 것의 전형을 보는듯하다. 그리고 "창의성은 발명과 문명을 발전 시키지만, 전쟁을 억제하는 데는 실패한다"고 했다. 이런 '전쟁-평화-부패-전쟁'으로 이어지는 악순환의 고리를 끊을 어떤 창의적인 발명이 나와야 한다"라고 역설한다. 나도 동의한다.

좌옹은 일생 종교인, 교육자, 정치가, 사회사업가로 활동 했다. 그는 과학자가 아니다. 그런데도 그의 독서는 인문서적, 과학서적을 가리지 않는다. 그가 78세가 되었을 때도 Arthur Thompson의 『The Outline of Science』(과학의 개요)를 읽고 흥미롭다고 적고 있으니 말이다(1943.7.14). 이렇듯 78세의 노령에 자기 분야가 아닌 과학서적을 읽는 좌옹이야말로 철학자 최진석이 말하는 '국가를 선도할 수 있는', '인문학적 시선을 가진' 그리고 '신뢰할 수 있는' 바로 그런 지도자가 아니었을까? 6·25 때 우리나라를 구해준 미국 제33대 대통령 Harry Truman(1884~1972)이 한 말이 생각난다. "책을 읽는다고 모두가 지도자가 되는 것은 아니다. 그러나 모든 지도자는 책을 읽었다." 좌옹에게 해당하는 말임이 틀림없다. 좌옹의 독서 열은 이승만과 우열을 가리기 힘들다. 이승만은 한성감옥에서 성경과 모든 인문 과학 서적을 두루 읽었고 영한사전을 편찬하기도 했다(『독립정신』 집필로 끝내지는 못했음).

한 가지 의문스러운 점이 있다. 그는 일본의 극심한 차별 정책으로 백성들이 온갖 수모를 겪는 것을 직접 보면서도 일본이 조선에 더 좋은 정책을 펴줄 것이라고 희망하고 있었다. "조선 농부들이 가마니 공출 때문에 볏짚이 모자라 퇴비를 못 만들고 관리들이 양식을 강제로 빼앗아 가고(1943.5.17)", "경찰들이 기차역마다 승객들의 짐을 샅샅이 뒤져서 곡식을 압수하고(1943.1.1)" 그런데도 좌옹은 일본이 조선을 영국과 동등한 자격을 가진 스코틀랜드같이 대우해 주길 바랐다. 그러면서 "일본이 조선을 주종관계인 영국의 아일랜드같이 차별하면 안 된다(1943.3.1)"고 했다. 일본 학자 오가와의 『2600년 일본사』를 읽고는 일본사람이 세상에서 제일 정직하고 훌륭하다(1943.1.18)라고도 했다.

좌옹은 독서광이고 동서양의 고전을 많이 읽었다. 하지만 그가 Marcus Aurelius의 『명상록』을 읽었는지는 알 수 없다. 『명상록』 안에 계속 나오는 구절이 있다. "악당들이 잘못을 저지르지 않기를 기대하는 것은 미친 짓이다." "사악한 자들이 사악하지 않은 짓을 한다는 것은 불가능한 일이다." "세상에 몰염치한 자들이 존재하지 않는다는 것이 가능한 일인가?" 등등...... 일본의 혹독한 식민지 정책과 조선에 건너온 일본인들의 부당한 행동을 몸소 겪고도 일본인들을 칭송할 수 있는 마음은 도대체 어디서 온 것일까?

중화사상에 신물이 나서였을까? 좌옹은 성선설, 성악설을 논할 때도 맹자나 순자를 거론하지 않았다. 그는 뉴욕의 저명한 목회자 John Haynes Holmes(1879~1964)의 말 '인간의 본성은 본질적으로 선하다'를 인용하며 자신의 견해를 밝힌다(1932.4.10). "나는 국가 간, 인종 간의 끔찍스러운 무자비, 이기주의, 잔인함 등을 보면 인간의 본성이 선하다는 Holmes의 주장을 따를 수 없다. 내 가족 특히 여자들에게서도 이기심, 허영심, 비열함을 목격해 왔다. 그래서 나는 인간의 본성이 선하기보다는 악하다고 믿는다. 물론 모든 시대에 우리가 본받아야 하는 소수의 위대한 영혼은 있다고 본다."

일본의 진주만 폭격을 옹호하며 오히려 미국을 비난하기도 했다(1941.12.9). 1941년 12월 8일 새벽 경성일보 호외로 진주만 폭격을 알려왔을 때 좌옹은 희열까지 느낀것 같다. 진정한 인종 간의 전쟁, 즉 일본에 경제적 봉쇄를 감행한 미국이 지기를 바랐다. 황인종과 백인과의 전쟁에서 황인종이 이기기를 바랐던 것이다. 위의 생각들은 내가 아직도 도저히 수긍할 수 없는 대목들이다.

좌옹의 일기는 루소의 글처럼 어느 부분에서도 거짓이 없다. 헨리 데이빗 소로나 마르쿠스 아우렐리우스처럼 자신과 끊임없는 대화를 하며 일기를 썼다. 허영심이나 영웅심 같은 것은 조금도 보이지 않는다. 언제나 동포를 생각했고 이광수가 독립보다 민족개조론을 주장하며 도덕성, 시의성, 전문성과 德體智의 3육을 우선 제창했듯이, 간디가 인도의 독립보다 독립할 자격이 있는 인도를 먼저 추구했 듯이 좌옹은 조선의 독립을 위해 선진화된 미래를 항상 꿈 꾸었다. 좌옹의 친일 행위를 부정할 수는 없다. 그러나 그의 친일은 현실적 용일적 친일이었다. 그의 친일 행위에선 사심이 없었고 개인의 치부나 명성을 좇은 적이 한 번도 없었다.

핀란드 대통령(Carl Mannerheim, 1867~1951)의 이야기는 친일파 논쟁에 휩싸인 우리에게 많은 시사점을 준다. 그는 핀란드 출신으로 러시아 제국에서 군사학교를 졸업하고 훗날 핀란드 장군이 되어 러시아군을 섬멸해 국민적 영웅이 된다. 장개석도 일본사관학교를 나와 조국 중국을 위해 일본과 싸웠고 일본 육사를 나온 박정희도 조국을 위해 6.25 전쟁에 참전하고 후에 대통령이 되어 최빈국이었던 대한민국을 경제 강국으로 올려놓는 극일(克日)의 쾌거를 이루었지 않았는가?

　세상이 변하고 시대가 변하면 평가도 바뀌곤 한다. 6·25 때는 구국의 영웅 백선엽 장군이 국민 모두의 우상이었고 최근에는 만주의 독립군에 총칼을 겨누며 레닌의 하사금도 챙긴 공산당원 홍범도 장군이 우상이 되었다. 이렇듯 시대가 달라지면 사실에 대한 평가도 달라지는 현실이 무섭지만, 그 진실만은 달라질 수 없기를 바라고 있다. 나는 윤치호의 생각과 진실이 담긴 부분들을 가감 없이 그리고 편견 없이 적었다.

　좌옹은 일본에 유학하는 동안엔 메이지유신의 근대화 과정과 자유 민권운동을, 중국에 유학하는 동안엔 중국과 조선의 전제 사회와 유교의 영향 하의 낙후된 전통사회에 대한 강한 비판의식을 갖게 되었고 그 후 세례를 받고 기독교인이 되었다. 미국유학 기간에는 민주주의와 과학 문명에 기초한 근대사회를 체험하였다. 그럼에도 좌옹은 "나는 본질적으로 나쁜 것을 빼고 모든 면에서 조선 사람이 되기를 원한다. 기독교적인 좋은 것들을 빼면 아무것도 아닌 미국 사람같이 되고 싶지는 않다(1893.11.17 상해)."며 어느 한 문화권에 매몰되지 않았음을 보인다. 청장년 시절의 이러한 비판력과 균형감은 그 스스로 강력한 자주적 근대 변혁사상을 구

축하게 하였고 조선 백성들을 교육으로 깨워 자주 근대화 운동을 일으켜 자주 독립 시대를 준비하는 데에 앞장서게 하였다.

1898년 독립협회의 제2대 회장이 되어 10월에 '만민공동회'를 개최하고 대외적인 자주 국권의 수호와 대내적인 자유 민권의 보장 및 근대적인 자강 체제의 수립을 포괄하는 '헌의 6조(獻議六條)'를 결의하였지만 결국 러시아와 친러파의 탄압으로 독립협회와 만민공동회의 자주 민권운동이 좌절되게 되고 1912년엔 일제가 민족지도자를 말살하기 위해 '105인 사건'을 날조하였는데 그 그물에 엮여 3년간 옥살이를 하였다.

윤치호도 어느 누구도 일본의 패망을 미리 예견하지 못하고 일본 신민으로 살았다. 1940년 이후 좌옹이 학도병 지원을 독려하는 일에 참가했지만 좌옹의 "일선융화(日鮮融和) 정책의 바탕은 기만이다"라고 쓴 일기(1921.5.30)를 보면 그가 협박과 압박에 견디지 못했음을 알 수 있다. 암울한 식민지 시대를 살았던 이들을 오늘날의 시선으로 평가하기는 쉽지 않다. 이런 맥락에서 이광수도 최남선도 염상섭도 미당도 그리고 좌옹도 재평가되기를 바라고 있다. 나는 역사에서 사실보다는 진실이 승리하여야만 한다는 소망에서 이 글을 썼다.

맺음말

글을 끝막음할 때다. 돌아보니 내 뇌리에 강렬하게 각인된 장면들이 몇 있다. 1924년 좌옹의 회갑 잔치 때 어머님 앞에서 색동저고리를 입은 어린애 같은 모습이고, 천상의 사랑하는 부인 마수진에게 편지 쓰는 애틋한 모습이고, 평생 동지 안창호의 죽음에 눈물 떨구는 모습이다.

1938년 흥업구락부 사건 때 천황을 위한 충성 서약에 서명하며 애국지사들을 석방시키는 침울한 모습이고, 미국 캔자스 여관에서 중국인이라고 쫓겨나는 모습이고, 1901년 삼화

감리(감리사) 시절 나주 여관에서 양반이라고 쫓겨나는 황당한 모습이고, 개성에 은둔한 그를 찾아간 제자 김활란에게 "내가 애국가를 지었다고 사람들에게 말하지 말아요."라고 부탁하는 침통한 모습이고, 해방 정국에 이승만에게 보낸 편지의 답장을 기다리는 안쓰러운 모습이다.

하지만 나를 숙연하게 하는 것은 78세의 수염 덥수룩한 흰 옷 입은 노인이 두툼한 책, 과학 개요 『The Outline of Science』를 읽으며 마냥 흥미로워하는 모습이다. 좌옹이 읽었을 Arthur Thompson의 1922년 판 『The Outline of Science』를 찾아보니 총 4권으로 되어 있다. 나의 관심을 끈 생물학을 다룬 제4권 하나만도 500여 페이지에 달한다. 목차에는 Birds(조류), Darwinism(다윈주의), Insect World(곤충의 세계), Psychology(심리학), Human Heart(인간 심장) 등 다양한 주제로 나뉘어 있다. 연로한 좌옹이 과학 원서를 들고 있는 진지한 모습은 6·25 때 가부좌를 틀고 앉아 총칼 앞에서도 당당히 상원사를 지킨 한암 스님(1876~1951)의 의연한 모습을 연상시킨다. 한 분은 책을 읽고 다른 한 분은 염주를 세고 있는 것이 다를 뿐이다.

좌옹은 종교인, 정치인, 교육자로 불리지만 그의 또 다른 역할은 과학 분야에 있었다. 1934년 7월 5일에 설립된 과학

지식보급회의 회장으로서 1934년 4월 19일 과학 Day를 설립한 김용관(1897~1967)과 더불어 과학 대중화에 앞장을 섰다. 불행하게도 1938년 김용관이 체포됨으로 과학 Day는 해체되었다. 과학지식보급회 회장으로 윤치호는 1936년 과학데이 기념을 일차사업으로 영구히 실행하기로 하고 과학 강습회, 라디오 방송, 활동사진 등으로 과학의 성과를 알리자고 역설하기도 했다. 조선은 겨우 과학지식 보급에만 급급했지 학생들을 서구로 유학시켜 과학을 공부시키지는 않았다. 큰 아쉬움이 남는다. 1868년 메이지유신을 계기로 일본은 수

당시의 조선 중앙일보(1936년으로 추정)

많은 유학생을 서양으로 보내 과학 분야를 전공하게 하여 일본의 근대화를 이끌었다. 이들이 오늘날 일본이 과학 분야에서 노벨상을 받게 하는 초석이 된 것이다.

조선에도 일찍이 미국에 유학해 훗날 우리의 과학계를 빛낸 분이 계시다. 한국인으로 미시간대학에서 1926년 이학박사 학위를 취득한 이원철 박사다. 그는 탁월한 천문학자로 그의 이름을 딴 소행성 원철星을 보유하고, 연희대학 교수로 또 관상 대장으로 한국 과학발전에 지대한 공헌을 했다. 훨씬 후의 일이지만 또 하나 주목할 점은 원자력 발전의 중요성을 인식한 이승만 대통령은 1959년 국가가 경제적으로 어려운 상황에서도 원자력 진흥정책의 하나로 국비 장학생 15명을 뽑아 해외 유학을 보냈다. 이들 중 아이오와 대학교에서 방사선 생물학으로 박사 학위를 받은 송창원 박사는 고령인 지금에도 연구를 계속하며 방사선 생물학에 초석을 세운 국제적으로 명망이 높은 분이다. 그는 지금도 한국의 후학들을 위해 지원을 아끼지 않는다고 한다. 많은 사람이 한국에 노벨상 받은 과학자가 없음을 한탄하지만 오늘날 수많은 젊은 과학도들이 국내외에서 두각을 나타내고 있어 한국인의 노벨상 수상은 시간 문제라고 생각한다. 오늘날 한국이 원자력 분야에서 선두를 달리는 것은 이승만 대통령의 치적이라고 생각한다.

나는 좌옹의 일기가 좌옹의 종손녀 윤경남 님의 뜻대로 『조선왕조실록』, 이순신의 『난중일기』 그리고 왕들의 일기 『일성록(日省錄)』처럼 UNESCO 기록유산에 등재되기를 고대한다. 이로 인해 좌옹의 연구가 더욱 활발해졌으면 좋겠다. 나아가 식민지 시대에 해외로 나가지 않고 국내에 남아 나라를 지킨 애국지사의 생애도 중고등 교과서에 조명 되기를 바란다.

철학자 최진석은 "사회가 작동되는 중심 톱니바퀴가 두개 있으니 바로 정치와 교육이다"라고 했다. 좌옹은 국내에 남아 이 두 가지를 실천한 식민지 시대에 살아있는 지식인 중 한 사람이었다. 나라 밖에서 독립운동을 펼쳤던 외교의 천재 이승만과 계몽운동의 선구자 안창호 등과 나란히 애국가를 작사한 좌옹도 새롭게 인식될 날이 오기를 바란다. 도산 선생이 애국자로서 국민의 지지를 받는다고 해서 애국가의 진실마저 영원히 묻혀 버릴 순 없기 때문이다.

좌옹이 쌓은 식민지 시대의 업적은 거의 일본의 조선총독부에 문의하고 타협도 한 결과다. 물론 식민지 신민으로 그가 할 수 있는 일은 극히 제한적이었다. 총독부가 세금을 인상했을 때(1921.5.16), 아침마다 조선 신궁에 가서 참배하게 했을 때(1939.9.1), 경찰이 조선을 위해서 일해 온 선교사들을 간첩으로 몰아 조선을 떠나게 했을 때는(1940. 11.7) 속수무책이었다. 하지만 조선 역사를 써서 남궁억이 구속되었을 때는(1933.11.6) 판사와 면담을 했고, 총독부가 창씨 개명을 강요했을 때는(1940.5.17) 적어도 시간 연장을 얻어냈다. 그러나 끝내 가족회의를 거쳐 자신은 이토지코(이동치호)로 창씨개명을 했다. 일부에서 그가 친일했다고 비난하지만 그는 시인 서정주와 대부분의 국내에 남아 있던 지식인들처럼 호구 연명 차원에서 한 것은 아니었다. 좌옹은 양반 출신으로 생활의 불편은 없었다. 보육원, 유치원, 학교, 나병 예방협회, 교회, YMCA 등에 기금을 내놓았다. 총독부와의 접촉은 그 자신을 위한 것도 무슨 물질적인 이익을 바란 것도 아니었다. 그가 관여하는 학교 교직원들, 교회지도자 및 선교사들을 위해서였다. 동포를 위해서였다.

좌옹이 1904년에 한일 의정서에 서명한 것은 그의 가장 큰 오점으로 남았다. 그의 설명을 들어보자. 일본이 한일의정서를 강요할 때(1904.8.20) 이하영 외부대신이 신병을 핑계로 빠져버리자 좌옹에게 즉시 외부대신 서리 자리가 주어진 것이다(1904.8.21). 그리하여 좌옹은 내각의 결의를 받아 내각을 대표해 의정서에 서명했다(1904.8.23). 이 일은 나라와 백성을 위한 것도 아니었고 동료들을 위한 것도 아니었다. 그 후 외부대신 박제순이 서명한 통한의 을사늑약

(1905.11.17)이 체결되자 민영환은 자결했고, 최익현은 의병을 일으켰고, 좌옹은 외부대신 서리를 사임하고 영원히 관직을 떠났다(1905.11.18).

누구에게나 공과는 있다. 나는 좌옹의 친일은 자기희생이기도 했고 대부분 애국 행위였다고 본다. 친일의 용어를 좌옹에게 굳이 적용해야 한다면 실용적 용일(Practical Pro-Japan) 또는 전략적 용일(Strategic Pro-Japan)이라고 말하고 싶다. 하지만 서정주의 경우처럼 의식주 문제로 일한 것까지 친일로 매도되는 작금의 풍토에서 좌옹의 이름이 교과서에 오르기까지는 상당한 시간이 걸릴 것 같다.

민주주의와 공산주의 그리고 애국자와 친일파 등으로 갈려 혼란에 빠진 해방정국에 좌옹은 이승만과 하지 중장에게 두 장의 편지를 보낸다(1945.10.15/10.20). 그가 송도에서 서거하기 6주 전이다. 그가 마지막까지 조국의 앞날을 걱정하는 충정이 보인다.

"조선인은 싫든지 좋든지 일본인이었습니다. 그 당시 일본의 신하로서 살아가야 했던 백성들은 일본의 통치에 무슨 이의를 제기할 수 있었겠습니까? 우리 아들들을 싸움터에 보내고 딸들을 공장으로 보내는 일본 치하에서 어느 누가 한

일을 가지고 비난한다는 것은 이치에 맞지 않습니 다." "우리는 솔직하게 자유라는 선물을 안겨준 행운을 시인하며 감사해야 합니다. 그리고 그것을 잃지 않도록 최선을 다해야 합니다. 사소한 개인적인 야심과 당파적 음모나 지역적인 증오심이란 모두 묻어두고 고통받는 우리나라의 공익을 위하여 다 함께 조국을 이끌어 나가야 합니다."

좌옹 일기의 처음부터 끝까지 계속해서 표출되는 그의 인간적인 고뇌가 내 마음을 아프게 했다. 하지만 그의 생애 내내 보여준 기독교 정신에 입각한 숭고한 그의 희생정신은 나를 압도하고도 남았다. 얼마 전 작고한 이어령의 생애처럼 좌옹은 압박해 오는 사회의 '중력'에서 벗어나 자신만의 외로운 길을 걸었고 소위 '떼' 속에 안주하기를 거절했다. 좌옹의 일기와 씨름하던 지난 몇 개월 동안 Frank Sinatra의 My Way의 마지막 소절 "I took the blow and did it my way"가 마음속에 줄 곳 맴돌았다. 그동안 좌옹과 마음의 대화를 나누면서 Emory대학교 교정을 수없이 걸었다. 좌옹이 다녔던 Oxford College에는 아직도 두 교회가 남아 있다. 좌옹의 평생 은사인 Warren Candler와 Young J Allen의 이름이 새겨진 두 교회다. Campus 동북 쪽에 위치한 목조 건물인 Old Emory Church는 1841년에 건립됐고 Candler가 1932년에 재건축했는데 좌옹 당시에는 입학식 졸업식 때도 썼고 남북전쟁 때는 병원으로도 사용했지만, 지금은 교회가 텅 비어있다. 1910년에 지은 Allen Memorial United Methodist Church는 Campus 중앙에 자리 잡은 석조건물인데 지금 교회로 사용 중이다. 좌옹이 애용했던 도서관도, 강의실 몇 군데도 멋지게 새로 꾸며 놓아 오늘날 학생들이 이용하고 있다.

이제 그의 일기와 더불어 친필 대한민국 애국가 가사가 보전된 Emory대학교 도서관을 향해 작별의 눈빛을 보낼 시간이다.

후기

나는 Emory대학교에서 공부한 윤치호에 대한 호기심이 많았다. 내가 Emory에 부임한 1978년도부터였다. 선후배의 정이 생겨서였을까? 이 글은 그의 일기를 읽은 나의 독후감이 되는 셈이다. 좀 길어졌다.

여러분의 도움을 받았다. 토론토의 민석홍 선생님과 윤경남 선생님 그리고 앤 아버의 친구 윤철구 님이 큰 도움을 주셨다. 이들은 원고를 꼼꼼히 읽고 자구까지 검토해 주셨고 특히 민석홍 님은 좌옹의 자금출납부도 보여주셨다. 서울의 장정애 대표님은 원고를 읽고 새로운 역사적 사실들을 알려 주셨고 내가 간과했던 많은 자료를 찾아 주셨다. 그리고 책 표지의 design, 사진 배열 등 편집 과정의 일들을 도맡아 해 주셨다.

끝으로 서울의 지은경 박사님의 도움은 특별하다. 박사님은 『월간신문예』지 발행인으로 처음에 수필형식으로 쓴 나의 초고를 평론형식으로 바꿔 신문예지에 발표하게 하신 분이다. 이 일로 인해 국내외에서 나의 평론을 읽고 많은 분이 소감을 보내주셨다. 물론 나의 평론에 무관심한 사람도 있었지만, 윤치호 일기 연구의 중요성을 말하는 사람이 더 많았다. 더러는 애국가 작사자의 오해가 풀렸다고도 했고, 더러는 좌옹의 일기가 어서 빨리 유네스코 기록유산에 등재되기를 기원한다고도 했다. 그리고 많은 독자가 좌옹이 친일파로 비난받는 현실이 안타깝다고도 했다. 박사님의 혜안에 감사할 따름이다. 그리고 하옥이 주간님은 지구 반대편에 있는 나를 위해 E-mail로, 카톡으로 출판 전 과정에서 연락을 주셨다. 이분들의 도움 없이는 이 책의 탄생은 불가능했다. 끝으로 나의 아내 정(김)경숙(수필가·국어교육학자)의 도움도 컸다.

특별히 Oxford College 도서관의 사서인 Kerry Bowden

에게 감사의 말을 전한다. 그는 Oxford College에서 좌옹이 이용했던 건물들을 안내해 주었고, 좌옹의 1893년 졸업 사진을 찾는데 도움을 주었다. 그리고 좌옹이 처음 Emory 대학에 입학할 때도, 그리고 방학 중에도 종종 머물렀던 Candler 총장 사택의 집터를 찾아 주었다. 그리고 Emory 대학교 도서관의 Asistant Director인 John Bence는 코로나로 재택 근무 중에도 수시로 전화로, E-mail로 내가 자료를 찾는데 도움을 주었다. 그는 좌옹의 일기를 전산화 하는데 직간접으로 관여하고 있다.

여러 책의 도움을 받았다(도서목록 참조). 이들 책은 좌옹에 대한 여러 갈래로 흐트러진 내 생각을 가다듬는 데 큰 도움이 되었다. 하지만 나의 수상(隨想)은 전적으로 좌옹의 일기에 근거했다. 그가 옳았든 글렀든 상관하지 않았다.

독후감

국내에서 나온 연구서와는 필치와 내용에서 많이 다르다. 김박사의 글에는 우선 현장감과 체취, 그리고 윤치호에 대한 각별한 애정이 담겨있다. 나는 김태형 박사에게 윤치호의 영문일기 번역을 권고한다. 그리고 그가 수집한 자료가 그만의 자료가 아니고 한국에도 공개되어 학계에 기여했으면 좋겠다.

— 신복룡 전 건국대 정치외교학과 석좌교수

나는 〈윤치호 선배를 기리며〉를 단숨에 읽었다. 의사이기 때문에 가감 없이 사실적으로 직설적으로 서술하니 진실규명에 도움이 되는 책이라는 느낌을 받았다. 무엇보다 좌옹의 모교 도서관에 소장된 일기와 각종 자료들을 섭렵하며 간단 간단히 인용하면서 명료하게 서술되고 있는 점이 맘에 들었다.

— 최종고 서울대학교 법학대학 명예교수

저자 김태형박사 대단한 분이라는 생각이 들 정도로 좌옹 윤치호 인물 소개를 쉽게 중요 내용을 정리 종합하는 능력이 돋보입니다. 이승만 박사의 위대한 면모를 강조, 좌옹과 나란히 한국 개화의 위대한 인물로 규정한 점이 아주 맘에 들었습니다.

- 조대성 성균관대학교 건축과 명예교수

윤치호 선생님이 살아오신 환경아래서 느끼고 행동하셔야 했던 모든 것들이 충분히 이해가 되고 동의할 수 있으며 선생님이 생전에 쌓으신 업적에 그저 감탄할 뿐입니다.

- 김병로 전 명지대 부총장, 환경공학박사

최초의 조지아주 한국인. Emory 대학 유학생의 고난과 업적과 애국관을 재 평전한 역작

- 권명오 시인·수필가, 전 애틀란타 한국학교 이사장

참고문헌

1. 윤경남, 2017.『좌옹 윤치호 평전』신앙과 지성사
2. 민석홍, 2017.『좌옹 윤치호 국역일기 요약 1865~1945』신앙과 지성사
3. 신복룡, 2017.『인물로 보는 해방정국의 풍경』지식산업사
4. 최응표, 2017.『The Birth of Korea: Miracle Years 1945~ 1948』 Korea History Forum, USA
5. 이영훈 외, 2020.『반일 종족주의와의 투쟁』미래사
6. 이승만 저, 박기봉 교정 2018.『독립정신』비봉출판사
7. 박종인, 2020.『매국노 고종』와이스맵
8. 최진석, 2021.『대한민국 읽기』북루덴스
9. 윤경남, 2020. 개정 국역『윤치호 서한집』신앙과 지성사
10. 윤경남, 2014.『민영환과 윤치호, 러시아에 가다』신앙과 지성사
11. 김우재, 2021.『과학의 자리』감영사
12. I.B. Bishop, 2021, 신복룡 번역.『조선과 그 이웃 나라들』집문당
13. 지은경, 2021.『인식의 지평』책나라
14. 변영로, 1977.『명정 40년』범우사
15. 윤치호 원저, 윤경남·민석홍 엮음. 2022.『우순소리』곰시
16. 송창원, 2021.『나는 6.25의 학도병 그리고 과학자 송창현입니다』율리시스
17. 최우익 편저, 2019.『탁사 최병헌의 개화사상과 민족운동』여울목
18. 신복룡, 2022.『잘못 배운 한국사』집문당
19. 김을한, 1978.『좌옹 윤치호 전』을유문화사
20. 신복룡. 1999년.『한국의 정치 사상가』집문당

윤치호 연보

1865년	해평 윤씨(尹氏) 웅렬(雄烈)의 장남으로 1월 23일 충남에서 출생
1871년	6세 때부터 14세 때까지 박규수의 문하생으로 한문 수학 및 서재필, 김옥균, 서광범 등과 교유
1881년	(16세) 신사유람단 어윤중의 수행원으로 일본에 건너 감 네덜란드 영사관 서기관으로부터 영어를 배움
1883년	(18세) 초대 주한미국공사 Lucius H. Foote의 통역관으로 귀국
1884년	(19세) 갑신정변에 연루되어 통역관 사임
1885년	(20세) 상해 중서 서원에 입학 영어와 수학을 배움
1887년	(22세) 세례 받음
1888년	(23세) Vanderbilt 대학 신학부에 입학
1891년	(26세) Emory 대학에 입학
1893년	Emory 대학을 떠나며 Candler 박사에게 선교기금 $230을 맡김 모교인 중서 서원 영어 교사

1894년　상해에서 청국인 마수진과 결혼
1895년　(30세) 귀국하여 내각 참의(參議) 학부협판 승진외
　　　　부협판 전임
1896년　학부협판에 재임명
　　　　러시아 황제 대관식에 민영환의 수행원으로 참석
1897년　(32세) 중추원 일등 의관을 겸무 중추원 부의장 임명
1898년　(33세) 만민공동회 부회장
　　　　독립신문 편집인
　　　　독립협회 회장
　　　　한성부판윤
1899년　(34세) 덕원감리
1900년　삼화(진남포) 감리

1901년 덕원 감리에 재임명
1903년 천안감리
       목포감리
1904년 (39세) 외부협판에 재임명
1905년 (40세) 마수진 부인 별세 백매려와 재혼 중앙기독
       교청년회 이사 하와이 교민 방문
       을사늑약을 반대하고 외부대신 서리 발령 거부
1906년 자강회 회장
       한영서원 창립하고 원장에 취임 YMCA 부회장
1907년 애국가를 작사함
1908년 평양 대성학교 교장 취임
1910년 '에든버러 1910년 세계선교대회' 조선 대표
1912년 105인 사건으로 1912년부터 1915년까지 복역
1916년 (51세) YMCA 총무
1920년 YMCA 회장
       연희전문 이사
       세브란스 의학전문학교 이사

1922년	송도 고등보통학교 교장
1925년	흥업구락부 회장
1930년	조선체육회 회장
	남북감리교 통합준비위원회 부위원장
1934년	이화 전문 이사
1938년	(73세) 흥업구락부책임자로 검찰에 조사받음 친일협력을 강요받음
1941년	(76세) 연희전문교장
1943년	백부인 별세
1945년	(80세) 애국가 친필 본을 1907년 작이라고 셋째 딸 문희에게 써줌
	광복을 맞아 조국의 미래를 위한 '한 노인의 명상록' 씀 12월 6일 개성에서 별세

윤치호 명구들

윤경남 · 민석홍 엮음, 2022. "우순소리" 부록에서 발췌, 정리

A. 기독교 신앙 그리고 타 종교

* 하느님과 나 외에는 아무도 없는 것처럼 행동하라. 다른 사람의 비판, 시기, 미움에서 초연하면 나는 나 자신, 그리고 세상과 화평하게 될 것이다.
  (1890.10.18 밴더빌트)

* 나는 조선 사람으로서 일본어 중국어 영어를 할 수 있는 것에 감사한다. 하느님의 영광을 위하여 내가 배운 바를 선용하는 것 외엔 할 수 있는 일이 아무것도 없다.
  (1894.1.1 중서 서원)

* 신앙 논쟁의 승리는 예리한 변증 논리나 탁월한 연설가나 유능한 토론가의 것이 아니고 윤리적 진실에 충실하게 사는 사람들의 것이다.
  (1894.1.9 중서 서원)

* 약육강식이라는 냉혹한 법칙이 생겼을 때 창조주 하느님은 약자의 이익도 고려하셨는지 의문이 든다.
  (1903.1.3 원산)

* Believe and Ye shall be saved.(믿으라. 구원을 받으리라) 철학이나 도덕만으로는 해결할 수 없을 때도 주님은 평화를 주신다.
(1919.7.3 서울)

* 자기 자식을 돌보지 않는 유학자들을 존경할 수 없다.
(1919.9.30 서울)

* 하느님이 자기 형상대로 인류를 창조했다는 교리보다 다원의 이론을 더 믿는 사람들은 인간의 본성이 야비한 이유를 좀 더 잘 설명 해주고 있다.
(1923.6.3 서울)

* 중국의 유학자와 유럽의 기독교인 중에 누가 더 선한가. 나는 인간의 본성이 선하기보다는 사악하고 배은망덕하지만, 주님의 은총으로 선해진다고 믿는 것이 마음의 평화에 도움이 된다.
(1924.2.6 서울)

* 구약의 선지자들은 몹시 모질게 책망했다. 공자와 맹자는 잘못을 비난했지만 거친 말은 쓰지 않았다. 여호와의 이름으로 험악한 말을 쓴 것이 믿기 어렵다.
(1935.3.1 서울)

* 전쟁 미치광이 히틀러는 신약 성경을, 싸움꾼 가토 기요 미사는 공자의 논어를, 일본 무사들은 불경을 들고나온다. 모든 종교의 경전은 살생하지 말라고 했다.
(1935.3. 27 서울)

B. **일본, 일본인**

* 내가 일본인을 싫어하는 이유는 일본이 조선을 도와주겠다고 하면서 수십 년 전에 유럽이 일본에서 농락했던 것 과 똑같은 술책을 쓰기 때문이다.
 (1895.9.7 외부협판)

* 일본당국은 백성들에게 독립협회 간부들에게 피란처를 제공하지 말라고 사주하고 있다고 한다. 독립협회를 탄압하는 음모 뒤에 일본인이 있다는 사실이 명백히 드러나고 있다.
 (1898.11.12 리드 박사 집)

* 일본인들이 나를 냉대하는데 개의치 않겠다. 그들이 이 나라를 일본에 파는 일에 나를 유용하게 쓸 수 없다는 사실을 암시하기 때문이다. 일본의 이런 태도가 내게는 축복이 될지 누가 알겠는가?
 (1904.5.28 서울)

* 하야시는 송별만찬장에서 이렇게 말했다. "조선의 양반들은 음식을 너무 많이 먹습니다. 그래서 몸속에 피가 전부 위장으로 가서 머리는 텅 비었습니다." 만찬에 대한 감사의 말을 이따위로 하다니!
 (1904.6.9 서울)

* 일본인은 언젠가 그들이 저지른 사악한 행위에 대해 땅을 치고 후회할 날이 올 것이다. 적어도 나는 꼭 그렇게 되기를 바란다.
(1904.12.29 서울)

* 발틱함대가 일본해군에게 완전히 괴멸되었다. 나는 조선사람으로서 일본의 연속된 성공을 기뻐할 특별한 이유가 없다. 일본의 승리는 조선독립의 종말이다.
(1905.6.2 서울)

* 칼과 욕조가 일본 문명의 아버지와 어머니라는 신념이 더 확고해진다. 칼은 명예를 빛나게 만들고 욕조는 마음을 깨끗하게 만든다.
(1905.7.20 오사카)

* 나는 황인종의 한 사람으로서, 백인을 물리친 일본이 자랑스럽다. 그러나 일본에 독립을 비롯해 모든 것을 빼앗기고 있는 조선 사람의 한 사람으로서, 일본을 증오한다.
(1905.9.7 하와이)

* 조선인은 일본사람을 왜소하다고 경멸한다. 나폴레옹을 얕봤던 잘못을 반복하면 안 된다.
(1919.11.1 서울)

* 일본은 평화 민주적이라고 하라 총리가 강조하는데 도요토미 히데요시가 조선을 침략한 사실을 잊어버렸나?
(1920.11.1 서울)

* 일본은 피에 굶주린 호전적인 민족이다.
  (1920.11.3 서울)

* 일선융화(日鮮融和) 정책의 바탕은 기만이다.
  (1921.5.30 서울)

* 개성과 장단 사이에 임시로 간이 기차역이 생겼다. 이 지역에 일본인 마을이 생길 것이라고 짐작한다.
  (1924.5.13 송도)

* 조선 신궁 건축비로 205만엔 들었다. 신궁은 조선 사람들에게는 의미가 없다. 그 돈으로 더 유용한데 썼어야 한다. 두고 봐라. 신도(神道)가 떠나면 일본 역사가 떠날 것이다 .
  (1925.9.19 서울)

* 명희의 보통학교 졸업식에 참석하다. 일본 학생들을 먼저 앞세우고 조선 학생들을 뒤로 미뤄 놓는다. 차별행위로 원한과 분노가 뇌리에 사무쳤다.
  (1931.3.23 서울)

* 조선 사람으로서는 누가 총독이 되든 다 똑같다. 군인이든 민간인이든 총독은 일본인 이익만을 추구하는 정책을 철두철미하게 펴나갈 것이다.
  (1931.6.20 서울)

* 제물포의 월미도가 여름 휴가지로 개발되었는데 전부 일본인이 차지했다.
  (1931.7.24 서울)

* 한만희 군은 일본 유학생 중에서 영어를 잘했다. 그가 일본 동급생들에게 집단 린치를 당했다. 조선 사람이 우월한 것을 일본인들은 못 봐준다.
(1931.11.28 서울)

* 2,300년 전에 진시황은 유교 서적을 불태우며 만년을 누릴 줄 알았지만, 곧 멸망했다. 일본이 조선의 서적을 찢어발기는데 일본인을 좋아할 수가 없다.
(1933.5.16 서울)

* 스파르타, 로마, 터키는 무력만으로 통치했기 때문에 멸망했다. 일본이 깨닫기를 바란다.
(1933.11.8 서울)

* 유럽의 강대국들은 일본의 4 S(Small Size and Sweet Smile), 작은 체구와 부드러운 미소에 속아 넘어갔다.
(1938.4.22 서울)

* 동아일보와 조선일보가 폐간 당했다. 조선 사람의 상처가 깊어진다. 일본으로서는 용지 절약과 일본신문을 보급한다고 하지만 조선의 민족주의를 말살하려는 의도이다.
(1940.8.11 서울)

C. 조선, 조선인

* 나는 본질적으로 나쁜 것을 빼고 모든 면에서 조선 사람이 되기를 원한다. 기독교적인 좋은 것들을 빼면 아무것도 아닌 미국 사람같이 되고 싶지는 않다.
  (1893.11.17 상해)

* 조선 사람은 관직을 좋아한다. 족보에 올리기 위해서다. 조정에는 필요 이상으로 사람이 많다.
  (1895.3.18 서울)

* 조선 땅에는 아이들 손에 쥐여줄 장난감이 없고 여인들이 감상할 꽃이 없으며 남자들이 독립할 자유가 없다.
  (1897. 2.18 서울)

* 궐내에서 어떤 사람이 일을 제대로 해 놓으면 다른 각료들이 그를 곤경에 빠뜨리던 옛날의 악습과 낭비벽은 어디를 가나 여전하다.
  (1897.3.17 서울)

* 유교 문화가 군림해서 백성들의 전문직과 투지를 꺾어 놨다.
  (1897.11.11 서울)

* 관직을 추종하는 사람들은 애국심에 무관하다.
  (1898.2.5 서울)

* 조선개혁의 유일한 희망은 1894년처럼 또다시 관료들을 제거하여 지금 일본에 있는 청년들과 함께 정부를 운영하는 것이다. 현재 정부의 나이든 관료들은 바보이거나 악당 아니면 둘 다이다.
(1898.2.5 서울)

* 수령들이 부자들의 돈을 갈취하는 방식 가운데 하나는 불효나 부제(不悌)나 상피(相避)로 고발하는 것이다. "네 죄를 네가 알렸다"라는 말과 함께 그 사람은 감옥에 갇힌다.
(1901.1.22 진남포)

* 황제와 조정은 관직을 늘리거나 신설해서 국고를 낭비하고 있다. 지난 4년 동안 능참봉은 능에 심어놓은 나무보다 더 많이 바뀌었다.
(1902.5.7 원산)

* 비 내리는 궂은 날은 반드시 개지만 조선 정부가 개선될 날은 바랄 수 있겠는가?
(1902.9.8 원산)

* 서울에는 세 계급이 있다. 첫 번째는 성공한 사기꾼이고, 두 번째는 잠재적 사기꾼이며, 세 번째는 진짜 사기꾼이다. 정직하지 않아야 이익을 얻기 때문이다. 조선 사람에게 정직을 확신시키는 일은 거의 불가능하다.
(1903.6.19 원산)

* 불쌍한 조선이여! 대신이나 왕자에게 애국심이나 명예 같은 것은 찾아볼 수 없다. 이들은 이타심과 봉사 정신을 모르기 때문에 옳고 그른 것을 구별하지도 못한다.
(1904.4.9 서울)

* 만약 저주로 인간을 죽일 수 있다면 비도덕적인 황제는 일찌감치 가장 깊은 구덩이에 떨어져 죽었을 것이다. 아주 오래전에 말이다.
(1904.9.30 서울)

* 러일 전쟁에서 일본이 승전하고 있는 동안 조선 황제는 관직을 팔아넘기고 장난감 같은 궁궐을 짓고 일본에 반대 해 러시아가 승리하도록 산신령에게 기도하는데 돈을 낭비하느라 바쁘다.
(1905.3.21 서울)

* 박제순을 제외하면 각료 가운데 신사다운 인물이 한 명도 없다. 난 이 각료들의 정직성을 두고 내기를 건다면 단 한 푼도 걸지 않겠다.
(1905.6.2 서울)

* 오늘 새벽 1시경에 서명을 함으로써 조선의 독립은 조용히 사라졌다. 모든 일이 꿈만 같다. 한규설 참정대신이 끝까지 서명을 거부했던 유일한 사람이었다. 그는 황제가 배석한 자리에서 적절하게 행동하지 않는다는 이유로 파면되었다. 참정대신 만세. 어젯밤 나라의 독립이 서명을 통해 포기되는 동안, 황태자는 묘지기 직 3개와 보좌관 하나를 팔아넘겼다. 나는 사임서를 냈다. (1905.11.18 서울)

* 칼과 욕조가 일본문화의 원천이라면 붓과 한문은 조선의 정신과 희망의 무덤이다. 조선은 남에게 의존해 왔기 때문에 다른 나라의 호의로 독립을 유지하기를 절실히 바라고 있다.
(1905.11.27 서울)

* 민영환 공이 자결했다. 죽을 각오였다면 차라리 싸우다가 죽는 편이 좋았을 것이다. 민영환 공의 조용한 용기에 경의를 표하라. 그의 애국심에 경의를 표하라. 그의 영웅적인 죽음에 경의를 표하라. 그의 죽음은 그의 삶보다 더 많은 이바지를 할 것이다.
(1905.11.30 서울)

* 지난달 14일에 조직된 자강회 회장으로 선출되었다. 조선 사람의 경제적 상황을 개선할 최선의 수단을 숙고하고 논의하는 것, 자립에 대한 신념과 열망을 지도하고 개발하는 것. 쓸모없는 현 각료들을 대체할 수 있는 제대로 된 인물을 양성하는 것.
(1906.5.6 서울)

* 조선 사람은 헐벗고 굶어도 정치를 최고의 덕목으로 여긴다. 그 외의 직업은 업신여긴다.
(1919.10.15 서울)

* 조선 조정은 백성들을 소박하고 검소한 것을 강조한 나머지 예술이 메말랐다.
(1919.10.19 서울)

* 젊은이들이 공중도덕이 없다. 조선이 망한 이유 중에 하나다.
  (1919.10.23 서울)

* 자치능력이 있는 민족이라야 독립할 수 있다.
  (1920.5.5 서울)

* 조선 사람이 궁핍하게 살면서도 농토를 지키는 것은 독립자금을 대주는 그것보다 더 애국하는 것이다.
  (1920.6.5 서울)

* 조선 사람이 대우받으려면 다른 민족같이 개명해야 한다. 기반시설, 교육, 경제, 투지(鬪志)를 높여야 한다.
  (1920.8.22 서울)

* 조선인은 돈이 없어도 체면과 화려한 옷을 입는다.
  (1920.11.23 서울)

* 고종황제가 그토록 독립협회를 미워했다니 참으로 애통한 일이다. 독립을 그토록 증오하던 황제는 결국 일본의 연금 수혜자 신세로 승하했다.
  (1921.2.12 서울)

* 많은 친구가 세상을 떠났거나 종교, 정치견해가 달라서 친구를 잃었다. 조선 사람의 장래가 어둡다. 늙은 학자, 옛관료, 무지몽매한 사람들, 볼셰비즘에 빠진 학생들, 무기력한 계층만 늘어나고 있다.
  (1921.2.20 서울)

* 유럽과 일본 귀족들은 영웅, 명예, 헌신, 기사도를 존중한다. 조선 양반은 점잖고 거드름 피우고 고상하게 500년 동안 4색 당파로 시들었다.
(1929.1.6 서울)

* 조선 양반들의 생활신조는 먹을 때와 글을 쓸 때 외에는 꼼짝하지 말라는 것이다. 하인을 시켜라. 남에게 봉사하지 말라. 배고픈 척하지 말라. 걷거나 뛰는 운동을 하지 말라. 중국 역사와 고전만 배워라.
(1929.1.24 서울)

* 조선 노동자들이 중국 쿨리를 업신여긴다. 싸구려 품삯, 일 더 하기, 돼지같이 살면서 집으로 송금한다고 흉을 본다.
(1929.5.14 서울)

* 조선의 우스갯소리 중에 양반이 상놈을 부러워하는 3가지가 있다. 아내 때리기, 더위에 웃통 벗기, 마음대로 욕설하는 특권이 있기 때문이다.
(1930.10.28 서울)

* 흉년에는 먹을 것이 없고 풍년이 들면 높은 세금과 의연 금으로 뜯긴다.
(1933.9.3 서울)

* 평화주의가 지나치면 사람이 연체동물같이 유약해져서 포식자들의 먹이가 된다. 투쟁 정신이 없는 조선왕조는 싸우지는 못하고 모함과 당쟁으로 적을 제거했다.
(1939. 10.9 서울)

* 총독관저 만찬장에서 두 명의 조선 사람이 일본 고관들에게 아첨을 떨어서 비위가 상했다.
  (1943.7.19 서울)

* 조선인은 나무를 볼 때마다 부엌만 생각한다. 조선인은 나뭇가지를 자르거나 나무껍질을 벗겨내지 않으면 행복하지 않다. 아름답고 유용한 나무를 사랑하는 법을 배워야만 독립을 얻을 수 있고, 독립을 얻을 자격이 생길 것이다.
  (1920.3.12)

D. 자기성찰, 인생관, 세계관

* 과신은 미신을, 이성은 회의를, 지나친 열정은 죄악을 낳는다.
  (1890.9.1 밴더빌트)

* 오늘 밤은 외롭고 슬프다. 어머니는 어디 계신가. 조국의 장래는 어떻게 될 것인가?
  (1891.11.20 Emory대학)

* 큰일을 할 때처럼 작은 일에도 최선을 다하라. 열심히 일해서 지치는 것을 두려워하지 마라.
  (1892.6.1 Emory 대학)

* 우리가 추구해도 가질 수 없는 세 가지 'F'가 있다. Fame, Favor, Fortune이다.
  (1893.6.3 Emory대학)

* 유교와 전제주의가 윗돌과 아랫돌이 되어 그들을 사람답게 만드는 모든 기질을 그 맷돌 사이에서 가루로 만들어 버렸다.
  (1894.11.1 중서 서원)

* 톨스토이의『전쟁과 평화』는 나의 고통스러운 상황을 이겨내게 해 준다.
  (1896.8.3 상트페테르부르크)

* I have never seen angel except in pictures nor a perfect man except in obituaries(살아오면서 그림 밖에서는 천사를 본 적이 없고, 장례식 추모사 밖에서는 완벽한 인간을 만난 적이 없다)
  (1897.1.6 상해)

* 나는 올바른 사람인가? 아니다. 나는 살아있는 믿음을 지키지 못했기 때문이다. 내가 죄를 미워하면서도 죄를 짓는 동기나 목적이 아닌 결과만을 중요시하는 데 문제가 있기 때문이다.
  (1897.5.8 상해)

* 지도자가 되기 위해서는 종종 아랫사람이 되기도 해야 한다. 전에 이런 글을 읽었지만, 지금에야 그 말이 진리임을 절실히 깨달았다.
  (1898.7.3 서울)

* 속이는 그것보다 속아 넘어가는 것이 더 죄가 된다. 속이는 것은 인간이지만 속아 넘어가는 것은 짐승이기 때문이다.
(1906.6.15 서울)

* 전쟁은 전쟁을 낳고 보복은 보복을 낳는다.
(1919.7.2 서울)

* 만약 네가 모루라면 참아라. 하지만 만약 네가 망치라면 힘껏 두드려라.
(1919.9.18 서울)

* 지성이나 이성보다 오직 믿음으로. (1920.3.31 서울)

* 자치능력이 있는 민족이라야 독립할 수 있다.
(1920.5.5 서울)

* 개인이나 민족마다 비열함이 있다. 하느님의 형상대로 만들어진 인간이 야비한 짓을 하는 것은 신성모독이다. 오히려 침팬지의 자손이라는 편이 더 어울릴듯하다.
(1923.10.26 서울)

* 조선을 독립시켜달라고 강대국에 애걸한다고 일본과 싸워서 내쫓아줄 나라는 없다. 또한, 동정심 때문에 자기의 식민지를 토해낼 강대국도 없다.
(1924.1.5 서울)

* 모트 박사가 보내준 공산주의의 X.Y.Z를 읽고 소감문을 보냈다. '러시아 공산주의'가 무섭다.
(1931.5.8 서울)

* 인간의 내면에는 두 가지 품성이 있다. 성자는 이성과 양심의 영역 안에서 포악성을 제어하지만, 악인은 포악성의 지배를 받아서 범죄자가 된다.
(1932.1.24 서울)

* 어느 왕이 맹자에게 물었다. '천하를 누가 통일할 수 있나?' 답: 사람을 죽이는 것을 좋아하지 않는 사람이어야 한다.
(1933.11.8 서울)

* 힘이 정의라고 하는 것을 개탄하지만, 힘은 국가가 막대한 대가를 치르고 획득한 전리품이다.
(1935.7.13 서울)

* 영국, 프랑스, 미국은 이미 많은 전리품을 차지한 강도들이다. 반면에 독일과 이탈리아는 전리품을 찾아 헤매는 굶주린 강도들이라는 점이 다르다. 굶주린 강도보다 배부른 강도와 더불어 사는 편이 더 안전할 것이다.
(1940.3. 18 서울)

* 힘이 있어야 전쟁도 평화도 논할 수 있다. 간디가 제안해 오더라도 상대하지 않을 것이다.
(1940.3.26 서울)

윤치호선집 6호 증보판
윤치호 선배를 기리며

초판 1쇄 인쇄   2022년 9월 2일
초판 1쇄 발행   2022년 9월 9일
2쇄 발행   2023년 10월 5일
3쇄 발행   2024년 11월 1일

지 은 이   김태형
펴 낸 곳   도서출판 책나라
등   록   제2004-000003호(2004.1.14)
주   소   03375 서울시 은평구 통일로 63길7, 1층
전   화   (02)389-0146~7
팩   스   (02)289-0147
홈페이지   http://cafe.daum.net/sinmunye
이메일   E-mail / sinmunye@hanmail.net

값 15,000원

ⓒ 김태형, 2022
ISBN 979-11-92271-09-5 03810

* 이 책 내용의 전부 또는 일부를 재사용하려면
  저작권자와 도서출판 책나라 양측과 협의하여야 합니다.
* 저자와의 협의에 의하여 인지를 생략합니다.
* 파본은 구매 서점에서 교환하여 드립니다.